地铁车站装饰安装工程施工指南

严晗　赵凯　李林　编著

中国铁道出版社

2018年·北京

图书在版编目(CIP)数据

地铁车站装饰安装工程施工指南/严晗,赵凯,李林编著.—北京:中国铁道出版社,2018.2

ISBN 978-7-113-09899-5

Ⅰ.①地… Ⅱ.①严… ②赵… ③李… Ⅲ.①地下铁道车站-建筑装饰-工程施工-指南 Ⅳ.①U231-62

中国版本图书馆CIP数据核字(2018)第026943号

书　　名:地铁车站装饰安装工程施工指南
作　　者: 严晗　赵凯　李林

策　　划: 徐　艳
责任编辑: 张　瑜　　**编辑部电话:** 010-51873017
封面设计: 郑春鹏
责任校对: 苗　丹
责任印制: 高春晓

出版发行: 中国铁道出版社(100054,北京市西城区右安门西街8号)
网　　址: http://www.tdpress.com
印　　刷: 中国铁道出版社印刷厂
版　　次: 2018年2月第1版　2018年2月第1次印刷
开　　本: 880 mm×1 230 mm　1/32　印张:4.125　字数:116千
书　　号: ISBN 978-7-113-09899-5
定　　价: 20.00元

版权所有　侵权必究

凡购买铁道版图书,如有印制质量问题,请与本社读者服务部联系调换。
电话:(010)51873174(发行部)
打击盗版举报电话:市电(010)51873659,路电(021)73659,传真(010)63549480

前　言

近年来，随着我国城市规模成倍扩大，基础设施落后问题凸显，城市交通运输矛盾日益突出。城市轨道交通以其安全、准时、快速的优点，在拓宽城市空间、打造城市快速立体交通网络和改善城市交通环境方面发挥着越来越大的作用。全国各大城市根据城市可持续发展和城市交通健康发展的需要，都在积极规划建设城市轨道交通项目。

地铁，除了作为一种快捷、方便、舒适的交通工具外，还是一个展示城市文化、民族文化的窗口，是一项意义重大的基础设施建设和公益事业，其产生的经济效益、社会效益和环境效益是巨大的。

本书针对城市轨道交通车站的安装装修施工全过程，从施工准备、车站安装装修施工、系统综合调试、系统承包商配合施工、地盘主管理、BIM 技术在地铁工程中的应用、绿色施工、安全质量标准化、各项竣工验收等方面共九个章节阐述了安装装修施工的流程与要点。编写过程中参阅了很多同行专家、学者的论著和实践经验，不一一列举，在此表示衷心感谢。

由于水平有限，书中难免有不妥或错误之处，敬请批评指正。

目　录

第1章 施 工 准 备

地铁工程一般处于城市繁华区域，其施工具有系统繁杂、接口多、工序转换多、交叉作业多、技术要求高，装修做法多样、装修标准高、工期紧张等特点。认真细致地做好施工准备工作，对充分发挥各方面的积极因素、合理利用资源、加快施工速度、提高工程质量、确保施工安全、降低工程成本及获得较好经济效益都起着重要作用。

1.1 施工调查

主要包括工程概况、主体单位车站完成现况和后续工期节点安排、现场临时水电接口、车站周围地下范围内管线分布情况、施工方案的选择、成本要素调查（劳动力、材料、机械等）。

1.2 技术准备

1.2.1 图纸会审与设计交底

1. 图纸会审

开工前应核对图纸和技术文件，做好图纸会审。图纸会审要求如下：

(1)熟悉施工图纸，了解系统的原理，理解设计意图，理清楚管线走向、标高与平面位置。

(2)计算各专业工程量，编制施工图预算，在施工图计算的过程中重点审查设计文件是否存在“错、漏、碰、缺”，即施工图纸与其说明书在内容上是否一致；技术要求是否明确，设计是否有遗漏、未交代的内容；不同专业图纸以及本专业细节设计上是否有冲突；施工图纸是否完整和齐全。

(3)新设备及新材料的市场状况能否满足施工技术的要求。

(4)对设计图纸不明确和需要改动的部分提前做好书面准备。

(5)将书面准备的图纸会审意见提交相关部门协商处理。

2. 设计交底

设计交底由建设单位主持，设计会对地铁施工的功能与特点、设计意图、施工过程控制等方面进行详细要求，并形成“会审与交底纪要”，由建设单位正式行文，作为指导施工和工程结算的依据。

1.2.2 编制实施性施工组织设计

依据施工蓝图结合施工调查、现场实际，编制合理可行的实施性施工组织设计文件。

1.3 物资机械准备

1.3.1 材料准备

根据招标文件中材料技术要求及物资招标计划、质量规范、施工组织设计、施工图预算，编制材料总控数量计划，签订物资供应合同，确定物资运输方案和进场计划，组织物资按计划进场和保管。

1.3.2 施工机具准备

针对车站设备安装装修施工中用到的施工机具和检测用具，编制施工机具需要量计划。施工机具在进场前，必须按照 ISO 9001 质量体系《程序文件》的要求对生产厂家的相关资质、施工机具进行检查，检测工具必须在规定的周期内进行校验。

1.3.3 运输和吊装准备

(1)设备、材料进场前要充分考虑材料设备的运输路线、二次搬运路线、设备吊装的方法，同时要准备好材料设备运输、二次搬运、设备吊装的工具。

(2)地铁车站设备安装调试工程中的大型设备主要是冷水机组、隧道区间的风机、组合式空调机组等，虽然以上设备质量不是很大，但体积较大，并且受现场条件的限制，对设备、材料的运输通道必须提前进行考察并与相关单位协调。设备、材料的运输通道一般从风亭进入站厅层现场，也可视现场具体情况从临时施工预留洞口下站。

常规安装装修材料的运输一般考虑在风井内搭设井架物料提升机或人货电梯，当受土建结构施工影响，风亭等附属结构未完工时，可考虑从出入口搭设斜面提升设备(爬山虎)进行材料运输(须由项目专业人员结合现场实际进行受力计算，出具加工图纸，完善安全防护，并交由可靠、技术质量过关的厂家加工制安，调试完成后经由“四方”验收通过方可使用，并定期进行检修、保养)。斜面爬升设备搭设示意图如图 1-1 所示。

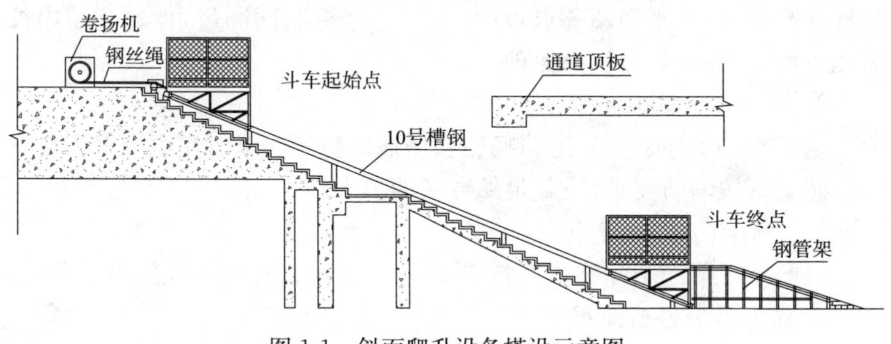

图 1-1 斜面爬升设备搭设示意图

1.4 劳动组织准备

1. 建立施工项目管理机构

在项目部建立后，结合工程的实际情况，制定项目部管理制度，明确各级管理人员岗位职责，建立责任矩阵，使工作标准化、管理流程化。

2. 组织劳动力进场

按照施工总进度计划，进行各专业劳务招标工作，充分考虑地铁安装装修实际，优先选用有地铁施工经验的劳务队伍，组织工人进场，安排好职工生活，并进行安全文明施工教育等。

3. 劳动力培训

劳动力进场前必须进行必要的培训。培训应包括：工程相关情况介绍、安全技能培训和生产技能培训，必要时进行现场示范；同时健全各项规章制度，加强遵纪守法教育。

1.5 施工现场准备

1. 施工现场控制网点布设

在业主单位及监理的共同组织下，由第三方检测单位会同主体施工单位一同进行施工基准点的移交工作，并进行复测。根据复测无误后的坐标和高程，按照平面图要求，进行施工场地控制网测量，设置车站内控制测量标桩，并做好过程中保护。

2. 做好临水临电布置

施工现场水通、电通、道路畅通和场地平整(注：临时用电布置需要有应急照明)；按消防要求，设置足够数量的消火栓。

3. 建造施工临时设施

按照施工平面图和施工设施需要量计划，搭设建造各项施工设施。

4. 做好季节性施工准备

按照施工组织设计要求，认真落实冬、雨季及高温季节施工项目的配套设施和物资以及技术组织措施。

1.6 与其他相关单位的协调配合

1.6.1 与土建单位对接

土建结构工程交接的顺利与否直接影响后续安装装修工程的施工。做好与土建施工单位的协助配合，理清遗留问题的责任，这是工程施工工期和质量的有力保证。

地铁车站结构(包括出入口、风亭)进行移交时，应注意协调解决好以下问题：

(1)结构几何尺寸和标高

重点复测站台板的标高,站台边线位置,站厅层、站台层公共区的净空尺寸,车站内梁、柱的位置及尺寸偏差,风、水、电系统预留孔洞及尺寸偏差,以及对照图纸检查预留孔洞井口的数量和位置是否相符。

主体单位的预留孔洞移交时,安装单位应事先参照安装蓝图,确定孔洞大小、数量、位置,制作成表格,现场逐一核对,存在漏留、留错、留偏时,及时向监理书面反映,并催促主体单位尽快修整,以便安装工作顺利进行。

(2)漏水检查

检查地下车站结构伸缩缝、诱导缝渗漏情况。在移交时,对车站的底板、顶板和侧板进行详细检查,发现问题及时通知土建单位解决。

1.6.2　与监理单位对接

按要求将施工组织设计、工程材料、施工机械、项目管理人员、测量方案、工程进度计划、分包单位资质、重大危险源辨识、图纸会审与交底、风险控制手册等上报监理单位审批。

1.6.3　提交开工报告

各项准备工作完成后,向监理单位和业主提交开工报告。

第 2 章　车站安装装修施工

2.1　地铁车站安装工程施工

2.1.1　地铁车站安装施工内容及特点

1. 地铁车站安装施工内容

地铁车站大多数为地下建筑，通过出入口和风亭与室外沟通，且运营时人流量大，对车站空气质量和温湿度环境的要求高。因此，为车站提供安全、舒适环境的机电设备安装工程就显得尤为重要。

地铁车站安装施工内容如下：

(1)通风空调与采暖系统：管道及支架制作安装、管道保温，风机、风阀、风口安装，通风空调系统调试。

(2)给排水及消防系统：管道及支架制作安装、管道保温，消防箱、卫生洁具、水泵安装，给排水及消防系统调试。

(3)低压配电与照明系统：电气配管，桥架安装，配电箱、柜安装，电缆敷设，设备(灯具、风机、配电箱柜等)安装与接线，低压配电与照明系统调试。

(4)火灾自动报警及气体灭火系统：电气配管，桥架安装，模块箱安装，电缆敷设，设备(烟感、手报、消火栓按钮、消防电话、控制器等)安装与接线，系统调试。

(5)门禁系统：电气配管，控制箱安装，电缆敷设，设备(读卡器、开门按钮、磁力锁、破玻开关等)安装与接线，门禁系统调试。

(6)环境与设备监控系统：电气配管，桥架安装，控制箱、柜安装，电缆敷设，传感器等设备安装与接线，其他接口的接线，传感器、手报、消火栓按钮、消防电话、控制器等安装与接线，系统调试。

2. 地铁车站安装施工特点

(1)工程工期紧，工程质量要求高

1)地铁工程施工总计划安排非常紧凑和严密,严格规定了完工工期、分阶段的关键工期,这要求熟悉地铁建设的规律和总体安排,通过总体施工大平行、分项工程施工小流水,见缝插针地施工,才能确保工期。同时,由于正式营运时间一般不可更改,决定了地铁工期计划是关门工期,只能提前,绝不可拖延。

2)车站内部设施完备,技术先进;机电安装调试要求性能优良,工艺合理,操作性、耐用性强,工程质量目标应达到优良等级以上水平。

(2)地铁工程对材料、设备要求严格

受环境和高度安全性要求的影响,对地铁车站和隧道内所使用的材料、设备质量要求非常严格,防火、防腐蚀、抗震等性能要求较高。另外,对关键设备及材料也有相应的管理模式,一定要熟悉采购流程,避免程序不符耽误生产。

(3)施工协调管理要求高

地铁安装工程内容繁杂,接口多,工序转换多,各专业间需交叉作业,必然存在着相互干扰,需要进行内部协调,统一策划,统一指挥。因此,需综合考虑施工计划,在业主、监理的统一指挥,地盘管理单位的积极协调下,主动地把接口协调管理工作作为工作重点来抓。

(4)施工环境复杂

1)地处闹市,同时施工环境复杂,对外部关系协调及文明施工要求特别高。

2)施工场地狭窄,地面可占用的面积小,进、出地铁车站困难,对运输车辆管理和控制非常严格;站内设备房间密集,可利用空间小,材料进场时间及堆放场地要结合施工计划统筹考虑。

3)地铁是民生工程,也是焦点工程,与每一位市民的生活息息相关,工程的安全质量、文明施工、进度等都是关注的重点。

4)地铁车站均设置在城市交通繁忙路段或重点建筑物的附近,每个地铁站均在不同程度上占用了公共交通区,加之结构移交时间不一,造成施工的交叉干扰大,对工程的总工期和各关键工期形成限制条件。

(5)调试工作量大,要求高

地铁车站工程的机电系统多,接点多,二次接点有上千个,各系统的配合紧密，调试质量要求高，工作量大。

(6)管线繁多，综合排布难度大

地铁走廊、机房空间狭小，安装工程的各种管线系统纵横交错，纷繁复杂，综合排布极其困难，实际施工过程中常常出现管线布设不规范、相互碰撞，甚至无法安放的情况，直接导致质量返工、材料浪费、观感杂乱。

由于传统的管线综合存在先天的局限性，不能完全保证其管线布局的合理性，采用目前较新的 BIM 技术，可以大幅度提高管线综合的效率。

2.1.2 主要设备、材料运输吊装

地铁车站机电安装施工涉及的材料、设备较多，由于地下空间过小，出地面孔洞尺寸有限，从地面往站内垂直运输、轨行区运输成为一大难题，因此在施工前就应针对此制定详细的材料及设备运输方案。

1. 设备、材料的垂直运输吊装

材料、设备从地面往站内垂直运输采用井架提升机或与吊车结合吊装(井架提升机应由具备相应资质的厂家安装，安装前厂家应根据现场实际情况编写提升机安拆方案，经过项目部和监理审核通过后方可执行)。

井架提升机安装后，应由相关部门组织按照规范和设计规定进行检查验收，确认合格发放使用证后，方可交付使用。使用期间定期检查，定期检查每月进行 1 次，由有关部门和人员参加，并留下检查记录。日常使用时安排具有相应资质的操作员进行操作，并有专人对提升机进行保养和维护，确保提升机安全可靠的运行。

2. 设备、材料在站内的水平运输

在二次结构设备用房墙体砌筑前，应充分考虑设备运输的整体尺寸(外包装、运输机具)，结合施工现场实际情况，确定大型设备(配电柜、空调机组、冷水机组等)的运输路径，并标记出设备运输洞口的尺寸和位置，在墙体砌筑时严格按照预留洞口进行准确留洞。

当大型设备进场时，先用吊车将设备通过出地面孔洞吊至站内，再用水平运输机具按照预先计划好的路径进行运输。

3. 设备、材料在轨行区的运输

待轨通之后，可充分利用地铁车站的轨道，加工制作或购买能够在轨

道上行驶的平板车，征得轨行区相关管理单位同意后，可用于轨行区的设备和材料运输。平板车的强度和可靠性要有保障，严格按照板车荷载进行运输，严禁超载、超速，在板车四周贴上反光条用于警示，确保运输安全。利用轨道行走小车搬运材料示意图如图2-1所示。

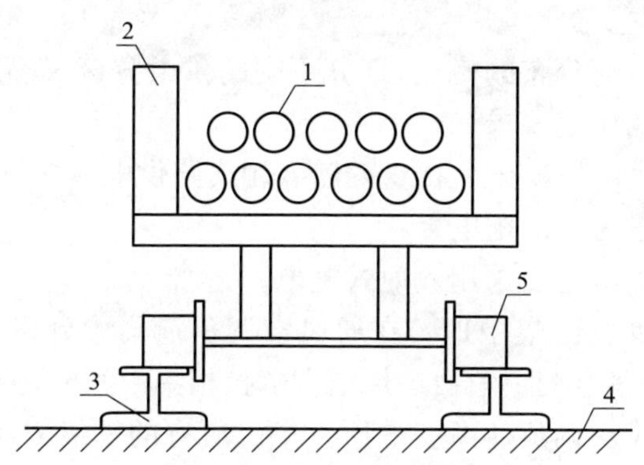

图2-1　利用轨道行走小车搬运材料示意图

1—材料；2—小车；3—轨道；4—地面；5—小车行走轮

2.1.3　地铁车站低压配电与照明系统安装

1. 系统简述

(1)变电所低压配电

1)供电电源

车站及相邻半个区间的动力、照明负荷由设置在车站的变电所供电。车站重负荷端设一座降压变电所。

2)低压主接线及运行方式

0.4 kV主接线采用单母线分段接线，设母联断路器，两段母线分别由两台变压器供电，每段母线下设三级负荷母线段及三级负荷总开关。

正常时母联断路器断开，两路电源同时运行，向本所承担的负荷供电。单台变压器正常负载率为70%左右。当一路电源故障或变压器退出运行时，切除三级负荷，母联断路器闭合，由另一台变压器承担本所的一、二级负荷。一台变压器供应本所的一、二级负荷时负载率不大于

100%。低压配电系统内部发生短路等电气故障时,系统自动将事故部分停电及隔离,以免造成事故扩大,减小事故影响范围。

火灾工况下,非消防供电回路三级负荷在变电所低压柜中由 FAS 切除,其他负荷在现场配电箱(柜)中由 FAS 切除。

(2)动力配电

根据车站负荷分布的特点,划分不同的供电分区,设置数个配电室,满足动力设备的用电要求。

一级负荷由降压变电所提供两路专用线路供电或在设备集中处设置共用切换箱再进行二次配电。

动力设备配电主要采用放射式配电。

配电室靠近负荷集中地。在通风空调负荷集中处设通风空调电控室,大部分的通风空调负荷由通风空调电控柜集中配电,少数容量大且靠近变电所的通风空调负荷由变电所直供。所有的三级通风空调负荷(除变电所直供负荷以外)集中配电。

FAS、BAS、自动售检票系统、通信信号系统及变电所自用电等系统内用电设备应自成体系。

自变压器二次侧至车站用电设备一级负荷的配电级数一般不超过三级。

商业用电独立自成体系,计量设于末端商业配电箱。

接地保护:车站动力系统采用 TN-S 接地保护系统,末端插座回路设漏电保护开关,区间排水站做重复接地,接地电阻小于 10 Ω。为了地铁用电安全,车站设总等电位连接,水泵房、电梯、扶梯做局部等电位连接。

(3)照明配电

1)照明种类

车站照明分为工作照明、节电照明、应急照明、导向标志照明和广告照明等。在车站的站厅和站台范围内均装有以上各种照明灯具。

疏散标志照明由出口标志灯和指向标志灯等组成。

地下区间设置工作照明、应急照明,双洞区间的安全联络通道中设置应急照明。

变电所电缆夹层、站台板下、高度低于 1.8 m 的风道、事故风道、进人电缆通道设置 36 V 特低电压照明。36 V 特低电压照明选用安全隔离变压器。

2)配电原则

照明配电采用放射式和树干式相结合，以放射式供电为主的配电方式。

车站及区间的照明配电箱设在车站站厅、站台照明配电室内，两端照明配电室控制的公共区照明范围以车站中心线为界。车站每个照明配电室内宜设两个照明总配电箱，电源分别由降压变电所两段一、二级负荷母线供电。站厅、站台的照明配电支路从照明总箱内配出(直接)。两个照明总配电箱交叉向工作照明、节电照明配电箱供电，每个照明总配电箱各带 50%负荷。

除特低电压(36 V)外，其余灯具外壳通过 PE 线接地。

车站及区间应急照明选用 EPS 电源。正常由交流供电，当两路交流电源都失电后，自动转为蓄电池电源通过逆变器供电。

2. 施工工艺流程

低压配电与照明系统主要施工工艺流程如图 2-2 所示。

(1)电气配管：按施工图放线，确定管路走向，确定支吊架位置。按照管路路径确定支架、吊架、铁件及管弯等，电管弯曲半径应大于 $4d$，以最小电管管径来确定间距，安装支吊架。用管卡将管道固定于支吊架上，长距离管路用管道连接件连接，成排电管间距应均匀。电气设备与器具的出口及过长线路或导管弯曲较多时应设置接线盒。电气配管暗敷时，根据箱盒位置用记号笔划出需开槽的路径和宽度，据此开槽，开槽要平整，切勿太深或太浅。根据开槽的路径及长度加工镀锌管，用膨胀螺栓将镀锌管通过马鞍卡固定牢固。在管入箱、盒处安装接地跨接线。镀锌钢管采用管箍连接，在管箍连接处两侧设接地卡，再用黄绿双色线将其跨接，保证接地可靠。在伸缩缝或沉降处采取伸缩补偿措施。智能疏散和应急照明的配管应涂刷防火涂料。

(2)桥架安装：根据图纸确定路径，找好水平线和垂直线，在线路底边线或侧边线进行弹线，并划出支架位置，2 m 一个，分布均匀。根据支架

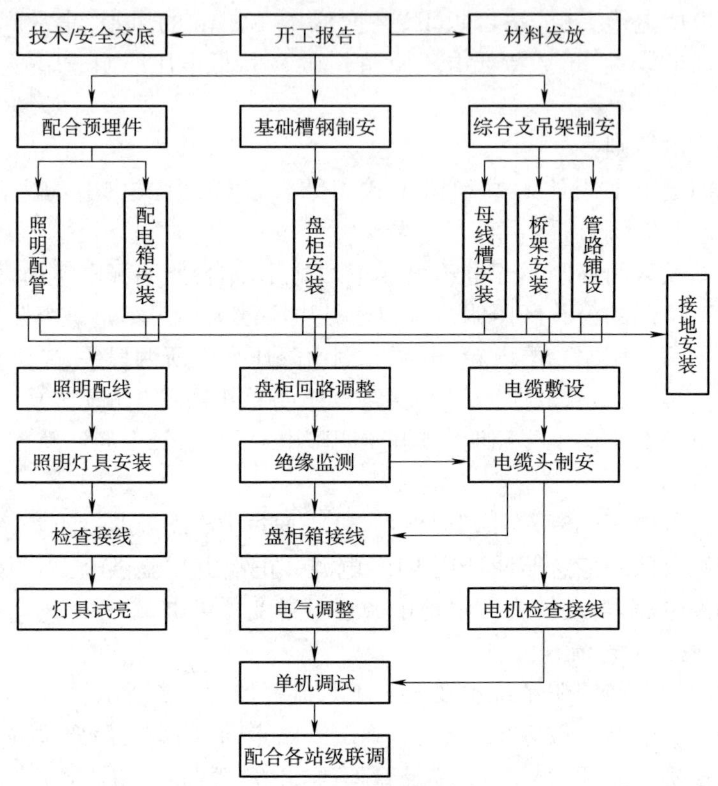

图 2-2　低压配电与照明系统施工工艺流程图

承受的荷重，选择相应的膨胀螺丝及钻头；埋好螺栓后，可用螺母配上相应的垫圈将支架或吊架直接固定在金属膨胀螺栓上。桥架水平安装时，支架间距不大于 2 m，且在 30 m 内必须加装防晃支架；垂直安装时，其固定点间距不大于 2 m，在进出接线箱、柜或转角、转弯、变形缝两端及丁字接头的三端 500 mm 以内应设固定支撑点。桥架接管处、桥架连接处均需安装接地跨接线。

(3)配电箱柜安装：参照配电柜的宽厚尺寸，制作 10 号槽钢基础，按设计位置安装，在型钢基础的下面四角适当的位置钻孔，在地面相应位置用膨胀螺栓固定基础型钢，调整水平度；将配电柜与型钢基础对正，然后用螺栓固定,成排配电柜两两之间侧面用螺栓连接;按系统图或接线图要求将电缆、电线与相应的电气端子连接;将电源的接地线(PE 线)、各回路的接地线(PE 线)、金属导管的接地线接在配电柜的接地端子上。配电室房门应加设挡鼠板,高度不低于 0.3 m。

(4)电缆敷设及电缆头制作安装:根据施工现场的施工进度和电缆的生产到货周期提前实测实量较大截面电缆长度,计算好预留量,据此编写电缆需用计划,让厂家提前排产,从而保证电缆能够及时进场。在敷设较长的电力电缆时,要组织安排好劳动力,合理地使用机械,确保放缆安全,每根电缆应标明起点与终点,并应保护好电缆头,避免受潮或进水。待配电箱、柜安装完成后,制作电缆头,进行箱柜配线,每根电缆需挂牌,标明起点与终点、电缆规格、长度等基本信息。

(5)灯具安装:根据施工图纸确定灯具安装位置,划好定位线,根据现场实际情况加工灯架,使用镀锌膨胀螺栓将灯架安装牢固,灯架紧固件连接时应设置防松动装置。将灯具固定于灯架之上,确保固定灯具带电部件的绝缘材料以及提供防触电保护的绝缘材料应耐燃烧和防明火,灯具接线时导线相位必须与灯具相位保持一致,导线预留长度应符合规范要求,灯具线绝缘良好,不得外露,严禁有漏电现象,导线与灯具端子连接可靠。

(6)设备接地:根据需接地设备的位置与接地排的位置确定接地扁钢的路由,固定接地排固定件,安装接地排。接地扁钢应事先调直、煨弯,将扁钢的一端与支撑件固定牢靠,接地线距离墙面间隙应为 10～15 mm,过墙时穿保护套管,扁钢沿地面敷设至设备处采用接地线与设备专用接地螺栓连接可靠,采用焊接搭接时应在焊接处涂刷防锈漆。

(7)管线穿墙板的防火封堵:施工前要将封堵部位清理干净,在洞口处预埋好护边角钢。施工时根据电缆敷设的数量和层数用 L50×50×5 角钢制作固定框,同时将固定框焊在护边角钢上。电缆穿墙处,放一层电缆即堵一层速固防火泥,然后用速固防火泥把洞堵严,小洞再用电缆防火泥封堵。墙洞两侧应用隔板将速固防火泥保护起来。在防火板拼接的地方涂抹柔性有机防火堵料,厚度为 25 mm,电缆、槽盒与防火板间的缝隙用柔性有机防火堵料密封。

3. 注意要点

(1)公共区供给系统承包商的电源施工前应联系相应厂家确定好位置和要求,并留下书面资料,以防后期扯皮。

(2)地铁车站低压配电系统与其他系统工程的配合:地铁车站低压配电系统与其他系统为站内环控、设备监控、给水排水、火灾报警、通信、信号、气体灭火、门禁、自动售检票等系统提供电源及控制接口,电源的具体位置由相关专业进行现场确认,避免因位置不准导致返工;控制接口应明确,集中预留接口端子,电气调试时对系统接口同时进行模拟调试,确保系统调试时电气接口没有问题。

(3)地铁车站低压配电与牵引供电的配合:与牵引供电系统配合进行低压配电柜预埋基础槽钢的施工;必须按时完成,确保具备受电条件。

(4)地铁车站低压配电系统与站内装修专业的配合:与装修专业的配合关键是要做好电管预埋、设备基础预制、吊顶灯位预留工作;同时在安装时要注意地面装修标高和净空标高。

(5)地铁车站低压配电系统与通风空调专业的配合:电气与通风空调专业紧密关联,必须密切配合。电缆桥架与风管空间交叉、重叠较多,在施工时两个专业要一起现场定位,落实施工先后顺序;电线管吸顶敷设时也要注意避开风管,否则风管就位后无法穿线接线;电气开关、电缆的规格应与环控设备实际容量进行核实,电气设备、回路的编号应与环控专业统一;电气模拟调试完成后,在负荷调试时应以通风空调专业为主,在通风空调专业确认设备机械性能无问题时方可通电运行。

(6)公共区安装灯具时应和装修专业做好沟通协调,确定好安装位置,安装及调平时应拉通线和装修配合一次调平到位。

2.1.4 地铁车站给排水及消防系统安装

1. 系统简介

(1)给水系统

车站给水系统由生产生活给水系统、中水系统组成。车站给水水源采用自来水,供水为双路水源(满足供水压力时可不设补水泵、水箱),没有满足条件的双路水源采用一路供水加给水水箱的供水方式。生产、生活用水在站厅层呈环状管网，在站台和设备层为枝状管网，主要供冷冻、冷却水系统补水以及用作饮用水、盥洗水、清扫用水、淋浴用水等。中水系统在站内为枝状管网，供车站卫生间大便器、小便器冲洗用水。没有中水系统的地区可先将中水管道与给水管道连接在一起，中水接通后拆除。给水系统采用内外涂塑管道，连接方式为：≥DN50 采用卡箍连接，<DN50 采用丝扣连接。

（2）排水系统

排水系统采用分流制，其主要由废水系统、雨水系统和污水系统组成。其中废水包括车站冲洗水、消防废水和结构渗漏水、凝结水以及地下区间隧道的冲洗水、消防废水、结构渗漏水等；污水主要为卫生间生活污水；雨水主要来自敞口式出入口和敞口式风亭雨水。污、废水系统压力管道采用内涂塑或内衬塑管，连接方式为：≥DN50 采用卡箍连接，<DN50 采用丝扣连接。重力排水管道采用阻燃性 PVC 管，连接方式为承插口连接。

（3）消防系统

消防系统在站内呈环状管网。双路供水的消防系统可不设消防水池，根据管网压力情况可以考虑不设消防泵房；单路供水的消防系统必须设置消防水池和消防泵房。站内消防管道采用镀锌管，区间消防管道采用内外涂塑管，连接方式为卡箍连接。

2. 施工工艺流程

（1）流程图

给排水管道安装工艺流程如图 2-3 所示。

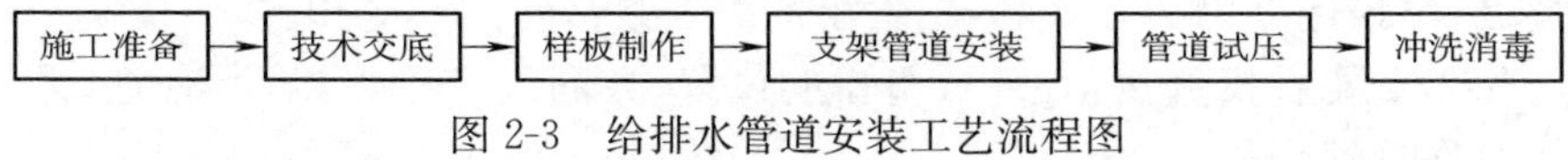

图 2-3　给排水管道安装工艺流程图

（2）技术准备

认真熟悉图纸，综合考虑，尽量将管线交叉的问题在施工前予以解决，不要影响施工进度。根据施工方案及甲方下发的技术交底决定施工方法，配合图纸会审等相关内容做好准备工作。

（3）支、吊架安装

1)站内支架安装

①根据图纸中管道位置用墨斗或红外仪做两条平行线,使用水平仪与卷尺配合,将每个支架的精确尺寸测量出来。

②根据测量尺寸下料并编写序号。

③根据不同管径以及是否保温在横担上开孔,按照序号焊接角钢。

④清理焊渣,并刷防锈漆两遍、银粉漆一遍。

⑤按序号依次安装支架。

2)区间支架安装

①根据区间消火栓口安装高度为距离道床 1.1 m,在隧道内用墨斗或红外仪放线。

②根据放线位置实际测量制作支架处隧道的弧度下料。

③根据测量数据及下图尺寸进行支架加工。

④二次热镀锌。

⑤支架安装。

所有固定支架与管道之间加一层与支架同宽 5 mm 厚的绝缘橡胶条隔离,区间管道固定支架与结构墙体之间还要加一层与支架同宽 5 mm 厚的橡胶隔离。

(4)干管安装

①安装时一般从土建最先施工完成的公共区开始施工,按管径>DN50 卡箍连接、管径≤DN50 丝扣连接的要求提前预制。

②把预制完的管道运到安装部位,清扫管膛,确认管内无堵塞无污物、沟槽深度合适、沟槽没有压破的地方后,进行管道安装。丝扣连接的管道,丝扣抹上铅油缠好麻,用管钳依次上紧,外露 2～3 扣。

③安装后找直找正,复核甩口的位置、方向及变径无误,所有管口要加好临时丝堵。

④套管与管道间隙必须用矿棉、防火泥等塞实。

干管管路上的各类阀门安装朝向应便于操作和维修,阀门螺栓统一向内留头,螺栓平垫及弹簧垫不得缺失;波纹补偿器安装完成后将固定构件松开 2～3 丝。

(5)管道立管安装

承压内衬塑立管安装步骤：

①安装最上面一个支架并吊线，根据管径在墙上划出支架位置。

②复核预留甩口的高度、方向正确，进行管道安装。

③安装后用线坠吊直找正。

④将孔洞及套管清理干净，无浮尘、干燥。根据需要在管道壁和套管间填塞矿棉。

立管与横干管连接处应设置专用支架；管道套管高出成品地面 20 mm，在经常有水的地方套管高出成品地面 50 mm，套管与管道间隙必须均匀；立管阀门安装朝向应便于操作和维修。

(6)废水泵安装

废水泵安装流程如图 2-4 所示。

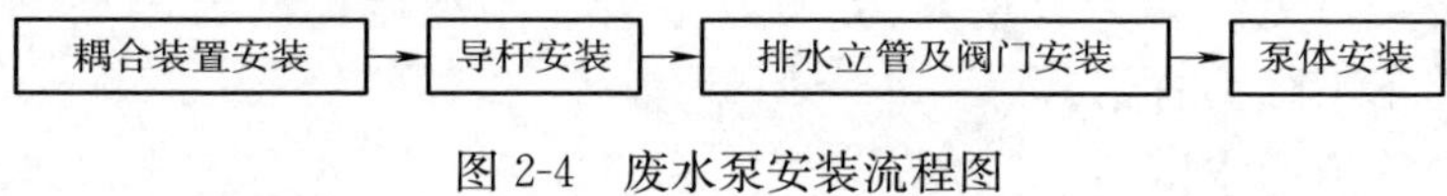

图 2-4　废水泵安装流程图

①清理建筑垃圾及积水。

②自动耦合装置安装。自动耦合装置中的两根导轨应垂直安装并保持互相平行。自动耦合装置中的螺栓、螺母等所有连接件安装时应紧固。

潜污泵在集水坑内潜入水中的深度应符合设备技术规定及设计要求。水泵自动耦合装置必须水平，导轨间距均匀。

(7)管网系统试验、冲洗

1)管道水压试验

给水管道系统在试验压力(0.8 MPa)下观测 10 min，压力降不应大于 0.02 MPa，然后降到工作压力进行检查，不渗不漏时为合格；消火栓给水管道的试验压力为 1.4 MPa，保持 2 h 无明显渗漏为合格；压力排水管道按排水泵扬程的 2 倍进行水压试验，保持 30 min 无渗漏为合格。水压试验的试验压力表应位于系统或试验部分的最低部位。

2)管道冲洗

给水管道在系统运行前须用水冲洗和消毒，要求以不小于 1.5 m/s 的流速进行冲洗，并符合《建筑给水排水及采暖工程施工质量验收规范》

(GB 50242—2002)中第 4.2.3 条的规定。室内消火栓给水系统在与室外给水管连接前,必须将室外给水管冲洗干净,其冲洗强度应达到消防时的最大设计流量。室内消火栓系统在交付使用前,必须冲洗干净,其冲洗强度应达到消防时的最大设计流量。

3)通球试验

排水主立管及水平干管管道均应做通球试验,通球球径不小于排水管道管径的 2/3,通球率必须达到 100%。雨水管和排水管冲洗以管道通畅为合格。

4)灌水试验

隐蔽或埋地的排水管道在隐蔽前必须做灌水试验,其灌水高度应不低于地面高度。满水 15 min 水面下降后,再灌满观察 5 min,液面不降、管道及接口无渗漏为合格。污、废水立管注水高度为站台层高,30 min 后液面不下降为合格。

5)管道通水试验

开启阀门及水咀进行放水,根据每层的水压情况观察出水是否畅通、清澈。

(8)管道刷漆及保温

1)管道刷漆

依照图纸设计要求,给水及中水管道安装完成试压合格后,镀锌层或涂层被破坏的丝扣露出部分刷防锈漆一道、面漆两道,其余位置刷面漆一道;给水、中水管道刷色环及识别符号,色环宽 100 mm,间距 6 m,管道起点、终点、交叉点、转弯处、阀门和穿墙两侧均应刷色环。生活给水管道色环颜色为艳绿,识别符号为 JS;中水管道色环颜色为浅蓝,识别符号为 ZS;消防给水管道色环颜色为大红,识别符号为 XH;压力污水管道色环颜色为中黄,识别符号为 YW;压力废水管道色环颜色为灰色,识别符号为 YF。

2)管道电伴热保温

依照图纸设计要求,设在吊顶内或穿越走道、管理用房内的给排水管道应采取防结露措施,防潮层材料选用复合硅酸镁管壳,外包 PAP 复合卷材,厚度为 30 mm。风道及出入口的生产、生活给水管道和消防管道采用电伴热保温,电伴热保温为恒功率带屏蔽网抗干扰发热电缆,保温材料采用 50 mm 厚复合硅酸镁管壳，保护层为 PAP 复合卷材，所有保温材料均为难燃级。

(9)卫生器具安装

1)大便器安装

①根据图示尺寸，确定安装位置。

②用水泥砂浆砌筑蹲式大便器砖座，其余部位可用砂浆抹平。

③延时自闭式冲洗阀安装。

蹲便器安装应用水平尺找平，冲洗管应呈铅垂安装，不得歪斜。蹲便器安装完毕且自检合格后，要做通球试验。蹲便器与排水口连接处要用油灰压实；稳固地脚螺栓时，地面防水层不得破坏，防止地面漏水。

2)小便器安装

①按设计要求距离和高度，先在墙面上划好十字中心线。

②固定小便斗，并保证横平竖直，既美观又便于连接管子。

③校核小便斗进、出水管中心线是否重合。

3)洗脸盆安装

洗脸盆的排水栓安装时，应将排水栓侧的溢水孔对准器具的溢水孔；无溢水孔的排水口，应打孔后再进行安装。洗脸盆的下水口安装时，应上垫油灰、下垫胶皮，使之与器具接触紧密，避免产生渗漏现象。

3. 注意要点

(1)地下室或地下构筑物外墙有管道穿过的，应采取防水措施。对有严格防水要求的建筑物，必须采用柔性防水套管。

(2)管道穿过结构伸缩缝、抗震缝及沉降缝敷设时，应根据情况采取保护措施。

(3)安装卫生器具的共同要求是：平、稳、牢、准、不漏、使用方便、性能良好。

(4)与排水横管连接的各卫生器具的受水口和立管均应采取妥善可靠的固定措施；管道与楼板的接合部位应采取牢固可靠的防渗、防漏措施。

2.1.5　地铁车站通风空调与采暖系统安装

1. 系统简述

(1)区间隧道通风系统

车站两端区间隧道活塞通风系统和机械通风系统兼排烟系统(简称TVF系统)。车站每端各设置一座隧道通风机房,隧道通风机房内分别设置2台可逆转耐高温轴流风机和相应的组合式风阀,通过相关风阀的启闭,系统可进行活塞通风或机械通风的转换,实现正常、阻塞及火灾工况下的各种工况模式。

(2)车站轨道区域排热系统

车站屏蔽门外轨道排热系统兼排烟系统(简称TEF系统)。车站两端各设置一台排热风机,采用变频调节以满足不同行车密度的要求。轨顶排热系统兼作轨行区排烟系统,顶部排风口兼作排烟风口,列车在轨行区发生火灾时,打开火灾侧站台屏蔽门,关闭站台下排热风道与非火灾侧排热风道,车站两端排热风机工频运行,通过火灾侧轨顶风道排烟。

(3)车站公共区通风空调系统兼排烟系统(大系统)

车站公共区通风空调系统采用全空气一次回风系统,空调回排风系统兼作排烟系统。车站两端各设置一座通风空调机房,每端通风空调机房内设置一台组合式空气处理机组、一台回排风机、一台排烟风机及一台新风机,以及相应的风阀、消声器等设备。通过设置新、回、排风管上的电动多叶调节阀的开、闭以及开度调节,实现最小新风、全新风空调运行和通风运行。组合式空气处理机组和回排风机变频,以满足不同负荷下的运营情况。

车站公共区通风空调系统按站厅、站台均匀送风设计,采用上送上回的气流组织方式。

(4)设备管理用房通风空调系统兼排烟系统(小系统)

①设备管理用房空调系统采用全空气一次回风系统。根据室外新风状态,通过对设置于新、回、排风管上的电动多叶调节阀的开关机开度调节,可以实现最小新风空调、全新风空调和通风三种工况运行。

②气体灭火房间火灾时,关闭该房间送、回风支管上的电动防烟防火阀,同时关闭送排风机,以使房间密闭。待灭火之后,开启该房间风管上的电动防烟防火阀,通过排风系统将有害气体排出。

③非气体灭火房间火灾时,关闭部分(或全部)气体灭火房间回风支管上的电动防烟防火阀,开启排烟风机进行排烟。同时开启空调器,保证

非火灾房间正压和对火灾房间补风。

④走廊火灾时，开启走廊排烟风机与排烟口对走廊排烟，打开对应的补风系统。

⑤非空调房间设机械排风系统，通过设置在墙上的防火阀自然进风。卫生间设置机械排风系统，厕所排风系统采用自然补风，污水泵房通过设置在墙上的防火阀自然进风。

⑥空调通风机房和冷水机房设置机械送、排风系统，同时兼作排烟系统。

(5)车站空调冷冻、冷却水系统(简称水系统)

大、小系统合用冷源，站内设冷水机房，机房内设置两台水冷螺杆式冷水机组。冷冻水泵、冷却水泵、冷却塔台数与冷水机组一一对应。冷冻水泵与冷却水泵设置于制冷机房内。

2. 施工工艺流程

通风空调与采暖系统施工工艺流程如图 2-5 所示。

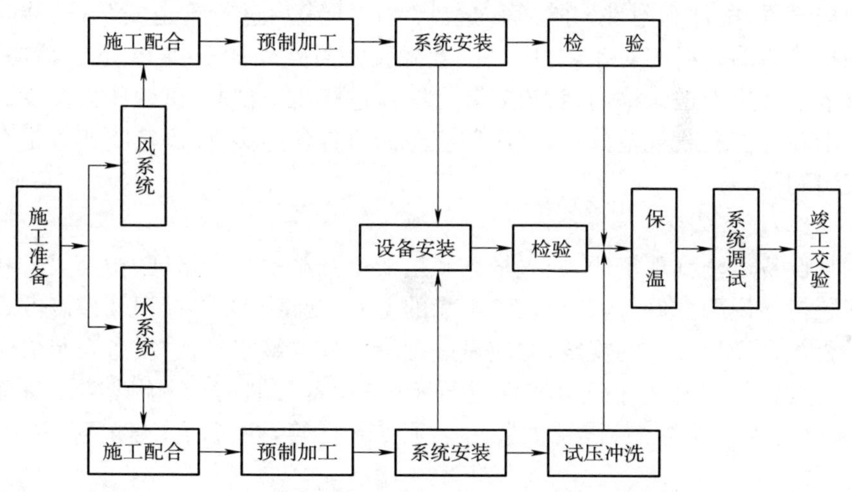

图 2-5　通风空调与采暖系统施工工艺流程图

(1)复合风管系统安装

根据图纸及综合管线排布，确定安装位置，核对预留孔洞，安装支架；

风管板材拼接并用角钢固定好后，应及时清除风管内外壁挤出的余胶；粘接后的风管应根据环境温度，按规定的时间确保专用胶固化，在此时间内不允许搬移；风管吊装后及时调整支吊架，防止不均匀受力；主风管安装完成后按设计尺寸用手提切割机在主风管壁上开口，与支风管左右板连接处的开口尺寸为支风管外壁尺寸；风管采用专用胶粘接，将两段连接的风管靠紧，上下左右平直，定位正确，在定位时不能多次移动，防止连接面的胶被挤掉，造成缺胶；风管系统安装完成后及时安装防晃支架。

(2)空调水管安装

按管道的坐标、标高、走向进行管道的支(吊)架预制加工、安装；管材经检验合格后进行管道的切割，用钢管切割机将钢管按所需长度切割，切口应平整，切口端面与钢管轴线应垂直；将需要加工沟槽的钢管架设在滚槽机和滚槽机尾架上，用水平仪测量钢管水平度，保证钢管处于水平位置，将钢管端面与滚槽机胎模定位面贴紧，使钢槽轴线与滚槽机胎模定位面垂直，滚压钢管时用游标卡尺检查沟槽深度和宽度；准备好符合要求的沟槽管段、配件和附件，并将管内杂物清除干净后进行管道安装；安装时两根管道的轴线应对正，在接口位置橡胶密封圈外侧安装上、下卡箍，并将卡箍凸边卡进沟槽内；管道安装完毕需进行压力试验，试验压力按设计要求和施工验收规范执行，试压前应全面检查各连接件、固定支架等是否安装到位。

(3)设备安装

设备运输到现场后，应先根据装箱清单开箱检查合格证、检测报告和安装指导说明文件等，逐个校验产品的型号、规格、材质、标识及控制方式是否符合设计文件的规定，并应做好记录和各方签字确认；设备安装前应先对设备基础的尺寸及可靠性进行验收；设备吊装时，必须找准设备重心，从要求位置起吊；设备安装后必须妥善保管，注意防水、防压、防尘、防污。

3. 注意要点

(1)轨顶风道插板阀必须在接触网通电前完成安装，并验收合格；安装完成后将插板阀开启至 2/3；施工结束后确保轨顶风道内垃圾、杂物、工器具、螺丝等清理干净。

(2)大、小系统风机安装时,风机外壳或电机外壳必须可靠接地,不能用接零代替接地。安装于风道的送风机需加钢丝网。连接风机进出口的风管应单独设置支吊架,不得将风管重量加在风机部件上。安装扩散筒前,检查风机内部是否有遗留的工具或杂物。

(3)TVF、TEF 风机安装:风机尺寸较大,设备区墙体砌筑时,提前计划好设备运输路径。风机基础施工时,确保风机、连锁风阀中心线对正,误差不得超过 10 mm。吊装时从风机吊装孔挂钢丝绳,不得从其他位置起吊。安装完毕后,检查螺栓是否全部紧固,并对螺栓进行描红。开启风机前,检查风机内部是否有遗留的工具或杂物。

(4)组合式空调机组安装:提前预留好设备运输路径,考虑运输机械、外包装所占高度。基础浇筑前完成机房综合排布,确认机组位置不再变化。设备运输需平稳,垂直运输禁止倾斜。安装完成后检修门上锁,进出风口封闭严密,防止灰尘杂物进入,防止破坏。

(5)组合式风阀安装:风阀尺寸需主体结构、二次结构完成后以实测尺寸为准。综合考虑组合风阀周围空间、土建结构情况,避免与 TVF、TEF 风机扩散筒无法连接。组合式风阀占用风道面积较大,提前与各安装专业进行管线排布,避免碰撞。

(6)组合式消声器:风道有消防水管或电缆桥架需穿过消声器时,需提前核对尺寸位置,尽量减少消声片拆除数量。风道尺寸实测一定要精确,竖向、横向矩形方管下料宜增加 5 cm 余量。

2.1.6　地铁车站环境与设备监控系统安装

1. 系统简述

环境与设备监控系统(简称 BAS)是地铁车站智能化系统的一个重要的组成部分,它是基于现代计算机技术、自动控制技术、通信技术及网络技术,通过网络系统将分布在各监控现场的系统控制器连接起来,共同完成集中操作、管理和分散控制的综合自动化系统。BAS 的目标就是对各车站内的相关机电设备采用现代计算机技术进行全面有效的监控和管理,使建筑物内保持舒适、安全的办公环境和良好的设备运行环境,同时实现高效节能的目标,并对特定事件作出适当反应。BAS 的监控对象包括通风空调系统、给排水系统、低压配电系统等系统的相关设备。通过BAS对车站相关机电设备的自动化监控和有效的管理，可以控制车站内的环境温、湿度达到最舒适的程度，同时以最低的能源及电力消耗来维持系统和设备的正常工作，以求取得最低的运作成本和最高的经济效益，并极大地方便设备的操作和维修，从而达到节约能源和人力资源的目的，为用户创造更高的经济效益。

工程内容包括BAS系统PLC控制柜、UPS配电柜、远程控制箱、二通阀配电箱、各类变送器、调节阀等设备的安装及其管线的敷设等。设备调试包括BAS系统配合车站级的ISCS软件调试以及车站级与中央级的ISCS软件联调等。

2. 施工工艺流程

(1)环境与设备监控系统主要施工工艺流程如图2-6所示。

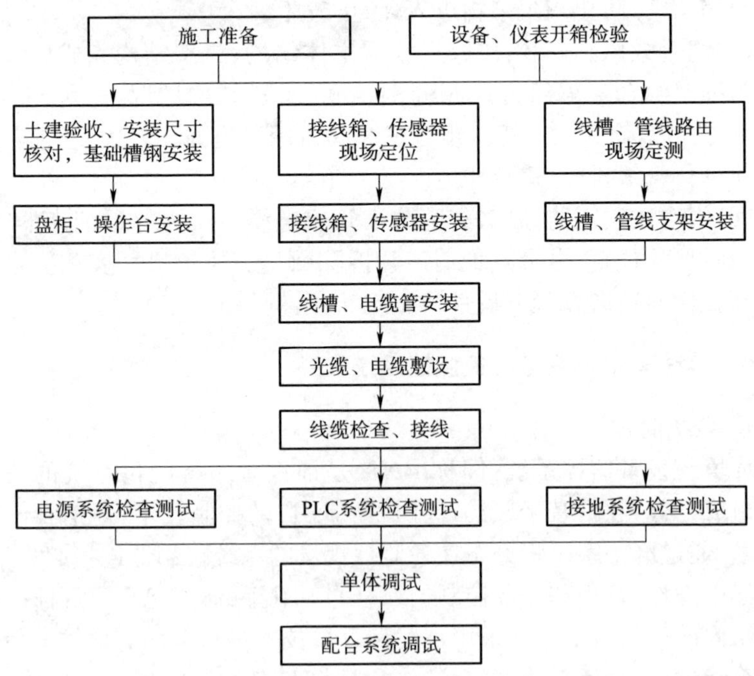

图2-6 环境与设备监控系统施工工艺流程图

(2)电气管线敷设,配电箱、柜安装,防火封堵的做法和低压配电与照明系统相应项目类似,只是本系统所有配电管路均须涂刷防火涂料。

(3)光纤敷设应满足下列要求:

1)光缆布放前,其两端应贴有标签,以表明始端和终端位置。标签应书写清晰、端正和正确。

2)布放光缆应平直,不得产生绞扭、打圈等现象,不应受到外力挤压和损伤。

3)剥除、连接光缆时,必须使用专用工具,严禁损伤光纤。

4)光缆布线应松弛,与电缆在同一线槽中时应分别捆扎,并从电缆上方穿过。

5)应使用光纤测试仪进行测试,检测完毕,接头应封闭严密。

6)应委托有资质的单位进行光纤接续,注意接续两端预留一定长度的光纤(在顶棚上或地板下固定好),熔接盒安装在控制箱柜中预留的位置,配备足够数量的光纤跳线(含备用芯)。完成光纤接续后要求进行光纤接续的通信测试,并提供测试报告。

(4)设备安装应满足下列要求:

1)温度、湿度传感器安装:

①房间温度、湿度传感器位置应远离门窗冷热源和风管开口处,房间、风管的温度湿度传感器应安装于所检测位置的敏感点,并要求检修方便。

②装于公共区吊顶处传感器的导线需由钢管引下,并用角钢支架固定,金属软管长度不得超过 1 m。

③温度传感器与工艺管道垂直安装时,其轴线应与工艺管道轴线垂直相交。

④温度传感器安装在易受冲击的地方时,应采取防护措施。

⑤风道温度、湿度传感器在安装过程中应做防尘罩保护,在 BAS 专业调试前方可取下。

⑥温度、湿度传感器的信号线在高电磁干扰区域采用屏蔽线,与 220 V AC 电源线之间至少保持 15 cm 的距离。

2)二通阀安装:应定位合理,操作方便,阀芯升降灵活自如,工作可靠，指示正确。

3)电磁流量计安装：

①若管道系统有较强的振动，要求在传感器两侧的管道上加支撑。

②流量计的安装位置应符合设计要求，流量计的显示屏应查看方便。

4)压力传感器安装：

①压力传感器在同一管段上时，应安装在温度传感器的上游侧。

②压力、压差传感器应采用管道安装或采用引导压管安装，如果现场的水管安装高度不利于维护人员维修，应采用引导压管方式安装。引导压管越短越好，但以方便维修人员操作为准，引导压管应采用 ϕ10 mm 不锈钢钢管，带有螺纹缓冲调节。

3. 注意要点

(1)箱、柜及设备端接线时，每根线必须准确加套号码管，号码管上标明信息点。对于传输模拟量信号的线路，设备接线时应确保模拟量信号传输无误后再加套号码管。

(2)不同系统、不同电压等级、不同电流类别的线路，不应穿在同一管内或线槽的同一槽孔内，并且相距至少 0.5 m。管路必须接地，但不可作为地线用。

(3)管线经过建筑物的变形缝(包括沉降缝、伸缩缝等)处应采取补偿措施，导线跨越变形缝的两侧应固定，并留有适当余量。

(4)末端设备由外单位安装时，接线前应联系相应厂家，确定接口位置及接线方式，并留下双方签字确认的书面资料，避免因接口问题互相扯皮。

(5)光纤熔接应由专业人员进行，光纤敷设完成时一定要进行连通情况测试，做好测试记录。

2.1.7 地铁车站门禁系统安装

1. 系统简述

地铁车站门禁系统分为中央和车站两个管理级，以及现场控制级。门禁系统是实现员工进出管理的自动化系统。通过门禁系统可实现自动识别员工身份；自动根据系统设定开启门锁；自动记录交易；自动采集数据，自动统计、产生报表；通过系统设定实现人员权限、区域管理和时间控制；并可实现员工考勤管理等功能。地铁车站门禁系统一般由门禁通信管理器、网络控制器、现场控制器、读卡器、磁力锁、紧急破玻璃按钮、开门按钮及通信设备组成，通过通信管理器与主控系统交换数据，实现与主控系统的集成，通过主控系统的网络与门禁中央设备联系。门禁系统由综合监控UPS统一供电，其中电锁供电回路由综合监控UPS输出回路，经分离脱扣器后向电锁供电。在车站控制室的IBP盘上设有门禁紧急按钮，在紧急状况下断开车站所有电子锁的供电回路，打开指定区域内的门禁。

2. 施工工艺流程

(1)门禁系统主要施工工艺流程如图2-7所示。

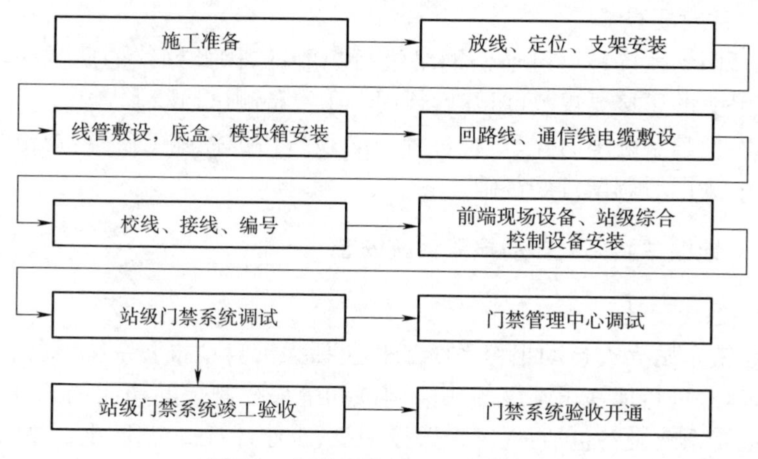

图2-7　门禁系统施工工艺流程图

(2)电气管线敷设，配电箱、柜安装，防火封堵的做法和低压配电与照明系统相应项目类似，只是本系统所有配电管路均须涂刷防火涂料。

(3)设备安装应满足下列要求：

1)读卡器安装：

①读卡器须安装在专用的底盒上，尽量安装在门的右手边，以符合人的开门习惯。

②读卡器设备较小，但需要接入的线较多，因此线缆宜选用屏蔽双绞线，接线时加套号码管标记。

2)磁力锁安装：

①磁力锁锁体要牢固安装在门框上，牵引衔铁则装在门扇上。包装盒内的配件能让牵引衔铁围绕着它的中心轴转动，以补偿因门的磨损或对位不准而带来的误差。

②牵引衔铁的螺钉不要上得太紧，要让橡胶垫圈保持适当的弹性，使牵引衔铁能随吸力自动调整到正确的位置。

3)机电一体化锁安装：机电一体化锁的安装比较复杂，在安装前应联系厂家明确门框及门上的开孔位置和尺寸，并留下开孔图纸，待门安装完成后联系厂家到现场指导锁具安装和接线。

3. 注意要点

(1)门禁系统是通过通信网络进行控制的，因此网线的质量一定要好，水晶头的压接要规范，压好后须用专用设备测试通断。

(2)门禁系统小而碎，安装过程中必须严格把控施工质量，规范每一道工序，为以后调试打好基础。

2.1.8 地铁车站火灾自动报警系统安装

1. 系统简述

地铁车站火灾自动报警系统工程包括火灾自动报警系统设备、管线的安装，并进行地铁车站级的功能调试和中央控制级的功能调试。火灾自动报警系统设备包括：火灾报警控制盘、工业计算机、消防电话主机、智能光电感烟探测器、输入模块、输出模块、消防壁挂电话、消防电话插孔、消防手提式插孔电话、手动报警按钮、感温电缆控制器、感温电缆等。

地铁车站级火灾报警系统监视各工作范围内的消防设备的运行状态(包括气体灭火系统、防火阀、防火卷帘等有关设备)，接收现场火灾报警信号，并显示报警部位，优先接收中央级控制中心发出的消防指令。火灾时，火灾报警控制盘应根据预先设定的程序向机电设备监控系统发出火灾模式指令，监视防火阀的动作状态，控制防火卷帘的下降和消火栓泵的启动，并由地铁车站控制室值班人员将车站广播系统转成事故广播状态，通过事故广播系统和闭路电视系统组织疏散乘客。同时,由 EMCS 系统按照相应的火灾模式启动风机风阀等消防联动设备进行救灾。

地铁车站气体灭火系统由管网和控制系统组成。其中管网系统主要由钢瓶及其组件、紧急启停按钮、电磁阀、减压装置、压力开关、高压软管、管道及喷头组成;控制系统主要由控制盘、24 V 辅助电源箱、烟感探测器、温感探测器、手拉启动器、紧急止喷按钮、警铃、疏散指示灯、气体释放指示灯、蜂鸣器及闪灯和手动/自动转换开关等部分组成。气体灭火系统的控制,要求同时具备自动控制、手动控制、应急操作三种控制方式。地铁车站气体灭火控制系统实现火灾探测和报警功能,并在火灾时手动或自动使相关设备转入火灾运行模式,实现消防联动。

2. 施工工艺流程

(1)火灾自动报警系统主要施工工艺流程如图 2-8 所示。

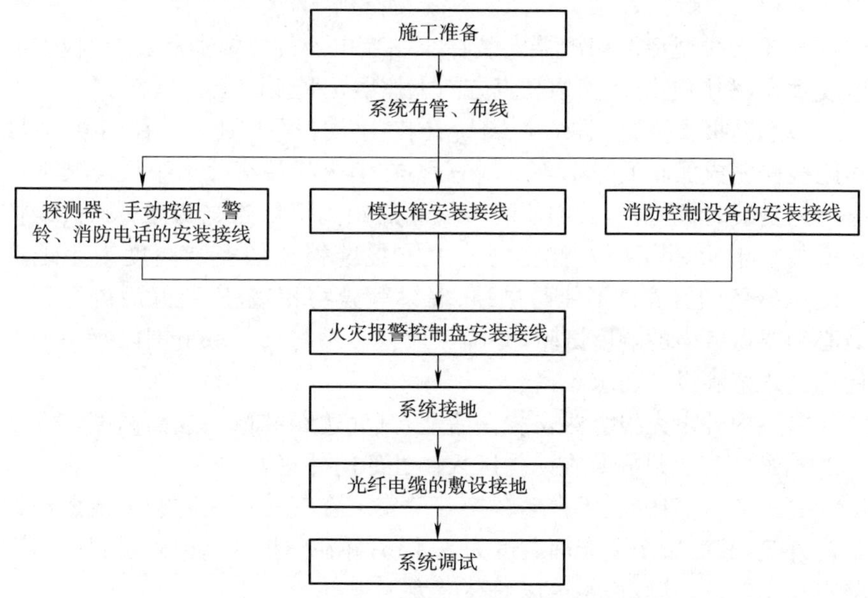

图 2-8　火灾自动报警系统施工工艺流程图

(2)电气管线敷设,配电箱、柜安装,防火封堵的做法和低压配电与照明系统相应项目类似,只是本系统所有配电管路均须涂刷防火涂料。

(3)设备安装应符合下列要求：

1)探测器安装：

①探测器至墙壁、梁边的水平距离不小于0.5 m,探测器周围0.5 m内不应有遮挡物。

②探测器至空调送风口的水平距离不应小于1.5 m,并宜接近回风口安装。探测器至多孔送风顶棚孔口的水平距离不应小于0.5 m。

③在宽度小于3 m的内走道顶棚上安装探测器时,宜居中安装。点型感温火灾探测器的安装间距不应超过10 m;点型感烟火灾探测器的安装间距不应超过15 m。探测器至端墙的距离不应大于安装间距的一半。

④当梁突出顶部的高度小于200 mm时,可不计梁对探测器保护面积的影响;当梁突出顶部的高度超过600 mm时,被梁隔断的每个梁间区域至少应设置一只探测器。当梁间净距小于1 m时,可不计梁对探测器保护面积的影响。

⑤缆式线型定温探测器安装在车站变电所的电缆夹层、站台板下的电缆廊道,利用电缆沟支架竖直方向上按照正弦波固定。

2)手动报警按钮、消火栓、警铃安装:手动报警按钮安装在墙上,其底边距装修完成面高度为1.4 m,宜安装在消火栓箱旁。当手报与其他设备并列安装时,手报的右侧预留10 cm的距离保留测试功能。消火栓按钮安装在消火栓箱内左侧上方。火灾报警警铃的安装高度为距地面2.2 m,警铃的铃壳体不能与楼顶、墙梁等异物相碰,安装好后进行调试时必须要做铃声的响度试验,并确保地铁车站防火区域范围内每一处都能达到规范和设计要求。

3)室内外声光报警器安装在墙上,其底边距装修完成面高度应大于2.2 m,放气指示灯安装在防护区入口处的门外正上方。

4)紧急启停按钮、手自动转换开关安装在气体灭火防护区疏散出口的门外侧,其底边距道床面高度为1.4 m;并在防护区门内外设置手自动状态显示装置,其底边距道床面高度为1.4 m。

(4)系统回路线路的检测测量应符合下列要求：

1)回路线正负极性情况。用万用表分别对回路线路正负线的“进线”及“出线”进行接通测量。

2)所有报警回路采用环形连接,并且按系统图顺序连接,严禁 T 接。设备安装后,应保证导线之间以及导线与钢管间均保持绝缘。

3)监视模块到其所负责的被监控设备这段线路,必须确保其不能有接地、开路的现象以及任何外来电压的影响。

4)控制模块到其所负责的控制设备这段线路,必须确保其不能有接地、开路及短路的现象。

3. 注意要点

(1)施工过程中与各专业密切配合,避免管线交叉,避免将 FAS 设备及管线敷设于各类水管下方。

(2)末端设备由外单位安装时,接线前应联系相应厂家,确定接口位置及接线方式,并留下双方签字确认的书面资料,避免因接口问题互相扯皮。

(3)探测器在安装前应妥善保管,并应采取防尘、防潮、防腐蚀措施;在安装完成后,系统验收之前这段时间,必须将探测器包装盒中所附带的橙色保护罩盖上,以保护探头不受灰尘影响而缩短寿命。

(4)气瓶的接线必须在运营单位、气瓶厂家和监理的共同参与下进行,规范操作,注意安全;接线完成后应由专人管理气瓶间和相应的配电房间,并对紧急启停按钮加贴封条,防止误操作引起气瓶喷洒。

2.1.9　地铁车站设备区走廊安装施工

地铁车站设备区功能房间密集,走廊空间狭小,但管线繁多,这就对走廊管线施工提出了相当高的要求。在施工前结合现场实际实测实量,将各专业管线叠加在一张图上,按照机电管线综合排布原则使用 BIM 三维软件进行综合管线的排布及优化,排布的过程中要预留检修空间,同时优化综合支吊架,合理地节约钢材,生成综合支吊架制作安装剖面图(如图 2-9 所示),确保机电管线排布美观合理。将深化设计的结果交由监理和设计院审核,审核通过后严格按照综合管线排布图实施。实施过程中对安装队伍进行可视化三维交底,确保综合管线排布能够最终落地。

机电管线综合排布原则:小管让大管、有压让无压、电上水下、强弱电分槽敷设、逐层施工、预留检修空间。

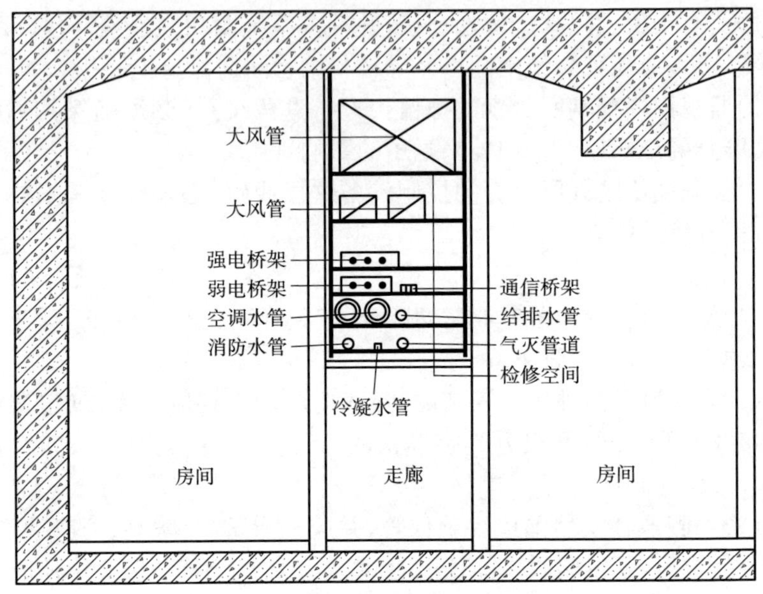

图 2-9　综合支吊架深化剖面图

2.1.10　地铁车站各系统机房施工

地铁为实现综合性功能，设备机房较多，主要有环控机房、冷水机房、环控电控室、照明配电室、消防泵房、污废水泵房、气瓶间等。机房内管线密集，且都为明装，施工前需要优化排布，过程中要严格管控，确保功能及观感的实现。

1. 环控机房

环控机房内较大截面管线密集，大型设备较多，空间有限，因此在施工前应在通风空调工程师的组织下对此机房进行综合排布，优化管线，合理布置设备安装位置，以保证环控机房布局美观，检修方便，功能齐备。

2. 环控电控室

环控电控室内主要是环控设备的配电柜和控制柜，外去的电缆太多，房间内桥架管线较多，桥架与柜体的连接就显得尤为重要。在施工前根据柜体进线口尺寸和线槽大小，制作桥架进柜漏斗，确保桥架与柜体的连接美观可靠。

3. 冷水机房

冷水机房内主要有大体积冷水机组、水泵、控制柜、配电柜、水管线槽等管线，机房空间狭小，安装难度较大，因此在安装前要对冷水机房进行管线优化，合理布置设备安装位置，以保证冷水机房布局美观，检修方便，功能齐备。

4. 消防泵房

消防泵房作为水消防系统的控制中心，是地铁八大验收之一的消防验收重点验收项目，其内设备管线的安装就显得特别重要。在施工前要对消防泵房进行综合排布，合理布置设备安装位置，以保证消防机房布局美观，检修方便，功能齐备。

5. 气瓶间

气瓶间内主要有灭火气体的存储钢瓶和电源箱，气瓶间空间较小，存储钢瓶又为外单位施工，因此安装配电箱前应和钢瓶安装厂家沟通好配电箱的安装位置，并留下书面资料，避免后期因钢瓶和配电箱位置冲突引起的扯皮。

2.1.11　地铁车站轨行区安装施工

由于工程车日夜行驶，施工时间受到严格限制，区间隧道狭窄，作业空间小，不能搭设临时设施，施工系统多，交叉施工多，自制运输车、梯子、临时配电箱、放线架等移动临时设施的放置位置受行车安全限制，因此做好区间安装施工策划是重点。

轨行区安装施工包括：给排水及消防系统、低压配电与照明系统、环境与设备监控系统、火灾自动报警系统及其他系统。

1. 安装前的安全准备工作

(1)遵守施工现场常规安全制度。

(2)严格遵守轨道运行区作业申请制度，安排专人办理请销点申请手续，未办理申请许可手续，不得进入轨道运行区施工。

(3)严格按照规定时间进出轨道运行区。

(4)在轨道运行区作业时，特别是从事可能妨碍工程车运行(如运材料等)的作业时,要在距离作业区两端 100 m 处设红灯、拉警戒线以作警示,并派专人在两端守卫。

(5)轨道运行区作业人员应配备应急照明灯具。

(6)按计划进入轨道运行区的材料必须在规定时间内安装完毕,否则必须运出轨行区,使用的工机具必须及时带出轨行区。

(7)施工时不得以轨道作为受力支撑点。

(8)轨道运行区每时段工作完成后,要及时报告专职安全员和有关部门进行检查确认,确保不留下安全隐患。

(9)对轨道运行区完成的成品和半成品要及时进行保护。

2. 给排水管道、设备安装

(1)消防管和排水管在区间运输与施工过程中必须做好严格的保护措施。

(2)区间的消防管道支架均采用后扩底螺栓固定,管道与支座间加装橡胶垫板。

(3)在安装卡箍时,应注意清理橡胶圈位置及管端沟槽内的压痕、划痕、残渣等,以免影响卡箍连接时的密封性。

(4)区间消火栓箱安装时,消火栓箱的安装一定要求横平竖直,所有的紧固件和支架安装一定要求结实可靠。

3. 低压配电与照明系统设备安装

(1)区间低压配电与照明电缆沿隧道电缆支架敷设,电缆支架由供电系统承包商制作安装,因此在电缆敷设前应和供电单位协商好电缆敷设在哪一层,不同电压等级的电缆必须分层敷设。

(2)各半区间电缆原则上不得有中间接头,敷设时将电缆盘架在站台层,在直线段每 10 m 和拐弯处放置托轮,采用人力牵拉,将电缆在隧道内的对应区段展开,然后再把电缆托上支架,每个支架上都要用尼龙扎带绑牢。

(3)电缆断开时要及时用自粘绝缘胶带包裹密封,以防潮气侵入。

(4)灯具和配电箱严格按照区间里程进行安装,使用膨胀螺栓固定牢靠。

4. 火灾自动报警系统设备安装

(1)火灾自动报警系统电缆沿隧道壁穿镀锌钢管敷设,所有镀锌钢管均须涂刷防火涂料，钢管连接处采用防护等级为 IP65 的专用转接盒进行连接。

(2)火灾自动报警系统设备均须安装在具有较强防水功能的专用安装盒内。

(3)管线与设备的连接采用包塑热镀锌金属软管，软管的长度不宜超过 0.5 m。

5. 环境与设备监控系统设备安装

(1)环境与设备监控系统电缆沿隧道电缆支架敷设，电缆支架由通信系统承包商制作安装，因此在电缆敷设前应和通信单位协商好电缆敷设在哪一层，不同电压等级的电缆必须分层敷设。

(2)区间光缆长度较大，信号衰减较多，因此在熔接光纤时，要严格把控连接质量，连接完成后要用光纤测试仪测试光缆连通情况。

(3)联络通道温湿度变送器和控制箱的安装要牢固，做好防潮封堵。

2.2　地铁车站装修工程施工

2.2.1　设备区装修

地铁车站设备区装修主要由设备房墙体砌筑、抹灰以及设备房间墙面、顶面、地面装饰装修两大部分组成。地铁建设为城市建设的重点工程，要求砌筑所用砖块为 MU10 烧结多孔砖和不小于 DM7.5 的混合砂浆，圈梁构造柱混凝土的浇筑为 C30 细石混凝土。装修使用材料要求防火、防潮、防蚀、耐久、无毒、无异味、易清洁等。

施工流程为：墙体砌筑→墙面抹灰→墙面装修→顶面装修→地面装修→栏杆及孔洞盖板安装，如图 2-10 所示。

1. 二次结构施工注意事项

(1)大型设备运输通道预留及墙体砌筑孔洞预留

在开始设备区墙体砌筑之前，首先应根据安装专业制定的设备运输通道进行设备通道预留，要求用彩色油漆或其他表示方法在地面上与正常砌筑墙体进行区分，以防工人误操作。在大面墙体砌筑时，应根据安装

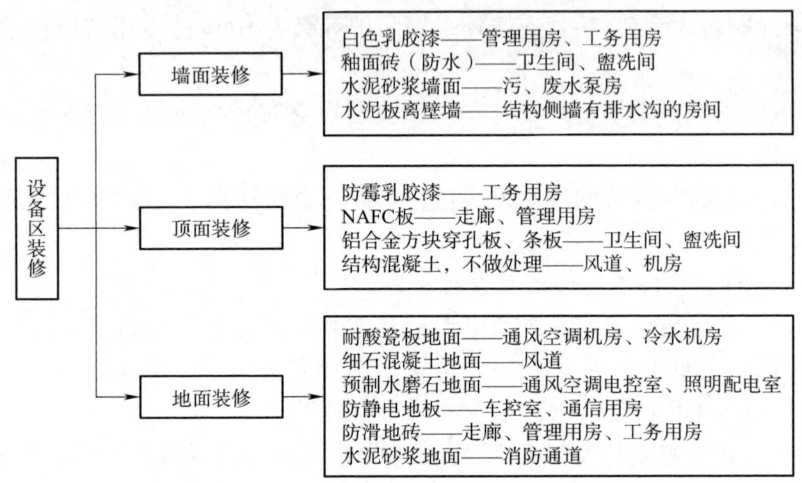

图 2-10　设备区装修施工流程图

专业汇编的《孔洞预留汇总图纸》进行精确留洞，要求留置位置精确、尺寸无误、无漏留，以满足安装施工的要求，防止不必要的返工。预留设备运输通道截图如图 2-11 所示，墙体砌筑留洞如图 2-12 所示。

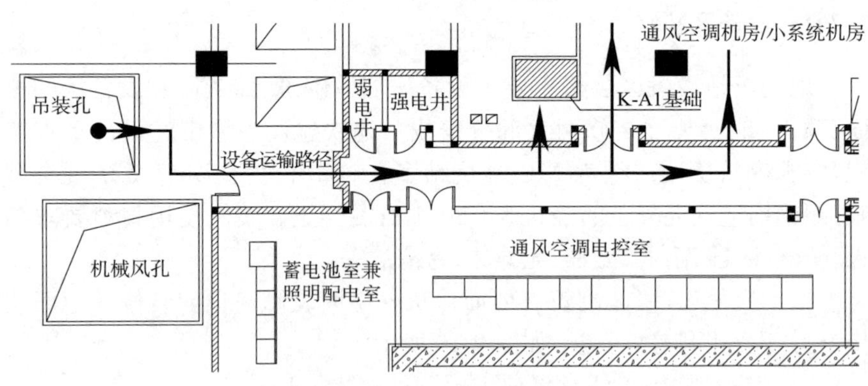

图 2-11　预留设备运输通道图

(2)钢筋工程

钢筋工程中植筋时，在植筋位置用电锤(按照钢筋直径 $d+4$ mm)垂直于钻孔面进行钻孔，钻孔深度为 $15d$。钻孔完毕，检查孔深、孔径合格

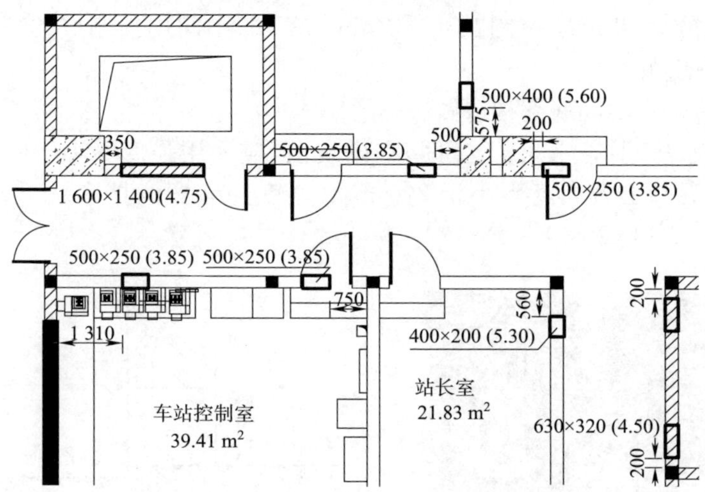

图 2-12　墙体砌筑留洞图(单位:mm)

后,用气泵钢丝刷清孔后用棉签蘸取丙酮清刷孔壁后方可进行植筋作业。

构造柱钢筋绑扎时要求搭接位置的钢筋搭接率不得大于 50%,即采用对角受力筋在同一搭接面上(俗称对向两长两短)的搭接形式,且错开搭接的接头中到中距离不得小于 1.3 倍的搭接距离,搭接长度不得小于 1.4×35d(抗震要求)。箍筋应与受力钢筋保持垂直;箍筋弯钩叠合处,应沿受力钢筋方向对角错开放置,箍筋弯锚长度应满足 10d 与 75 mm 取大值的基本要求。其中构造柱钢筋要求在柱顶、柱脚设箍筋加密区,加密范围在构造柱上、下两端 600 mm 范围,箍筋间距为 100 mm。圈梁受力钢筋应在伸进构造柱一端做 90°弯锚,弯锚平直段长度不得小于 35d。

(3)构造柱马牙槎及顶头砖的砌筑

砌筑到构造柱边上时按马牙槎砌筑(如图 2-13 所示),马牙槎先退后进,每次高度为 300 mm,槎宽为 60 mm,并在马牙槎两侧沿高度方向每 500～600 mm(构造柱上半部分模板距节点距离为 600 mm,下半部分为 500 mm)留置一穿墙螺栓孔以利于模板的支设。墙体砌至接近梁、板底时,应留有 8～200 mm,待砖墙砌体沉降 7 d 以后,再将其补砌挤紧。根据所留空间需要把砖切成平行四边形,斜砌砖角度应在 45°～60°之间,逐块斜砌挤紧，灰缝应控制在 8～12 mm，两端、中间用预制好的三角体混凝土块塞砌。

(4)带水房间底部构造做法

带水房间(茶水间、卫生间)在砌筑前，应采用强度不小于 C20 的细石防水混凝土做高度不小于 200 mm、宽度同墙宽的挡水坎后，方可砌筑，如图 2-14 所示。

图 2-13　实物照片

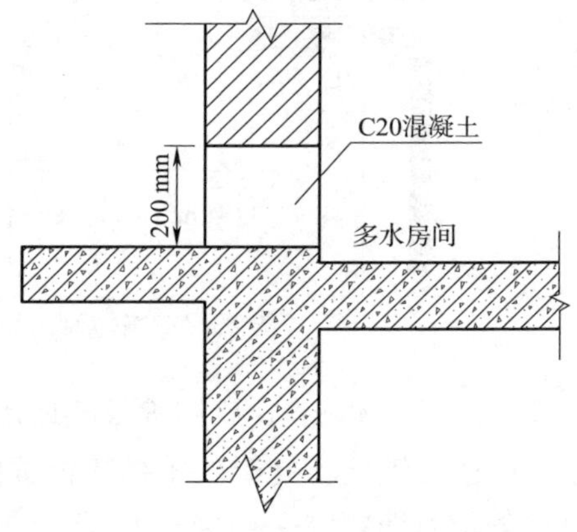

图 2-14　多水房间构造

(5)砌筑墙体与混凝土结构交界处理

砌筑墙体与混凝土结构墙面交界处应在砌筑前用界面剂在混凝土结构面上甩浆形成毛面，砌筑时与混凝土结构面留置正常灰缝宽度(8～12 mm)用水泥砂浆塞实。大面抹灰前，在砌体与混凝土结构接触处用聚合物水泥砂浆抹直角边为 10～15 mm 的斜角，大面抹灰后随即用抹子在接缝处拉 3～5 mm 深缝隙，在批刮腻子前用弹性腻子进行填塞，且表面用白乳胶粘贴宽度为 200 mm 的无纺布两层后方可进行腻子批刮作业。接缝示意图如图 2-15 所示。墙面接缝处理如图 2-16 所示。

2. 墙面装修施工注意事项

(1)离壁墙施工

离壁墙施工时，首先应确认墙面暗埋管线设备已经安装完成后方可进行施工，施工前按现场安装设备管线位置尺寸结合图纸进行龙骨分布

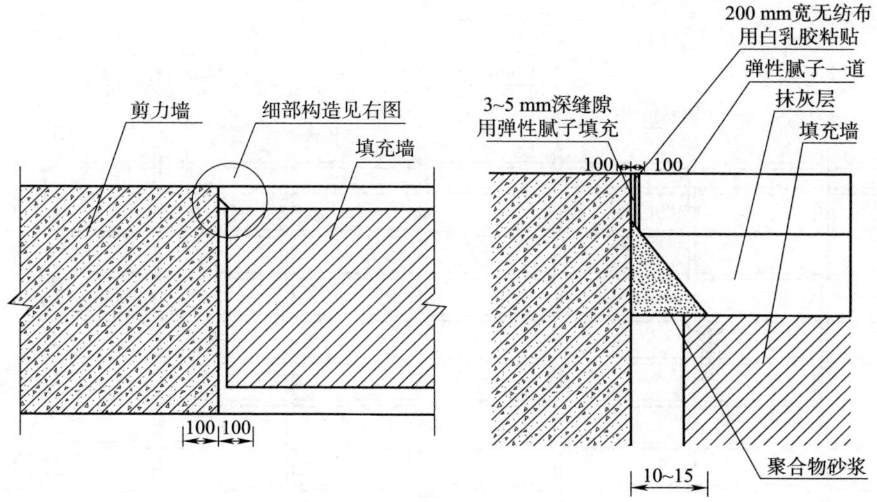

图 2-15　接缝示意图(单位:mm)

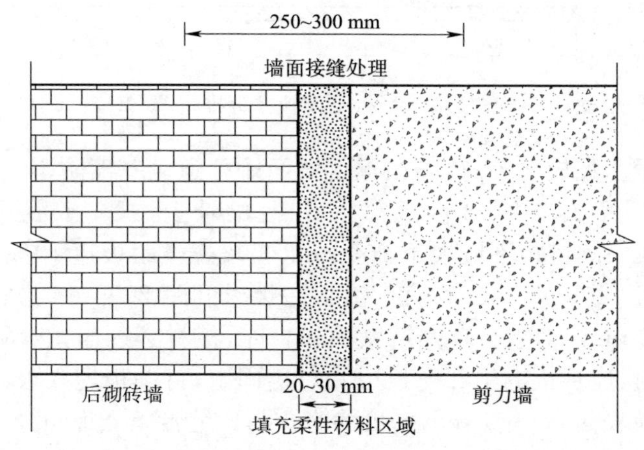

图 2-16　墙面接缝处理

深化,以避免设备安装时与墙面龙骨冲突或以离壁墙龙骨作为受力点进行安装,龙骨深化要求龙骨间距和安装方式必须满足图纸要求,在确定好龙骨位置后根据轴线网进行龙骨定位放线,在确定好龙骨位置后依次安装角码、竖龙骨及横向龙骨。离壁墙清水混凝土挂板龙骨排布图如图 2-17

所示。

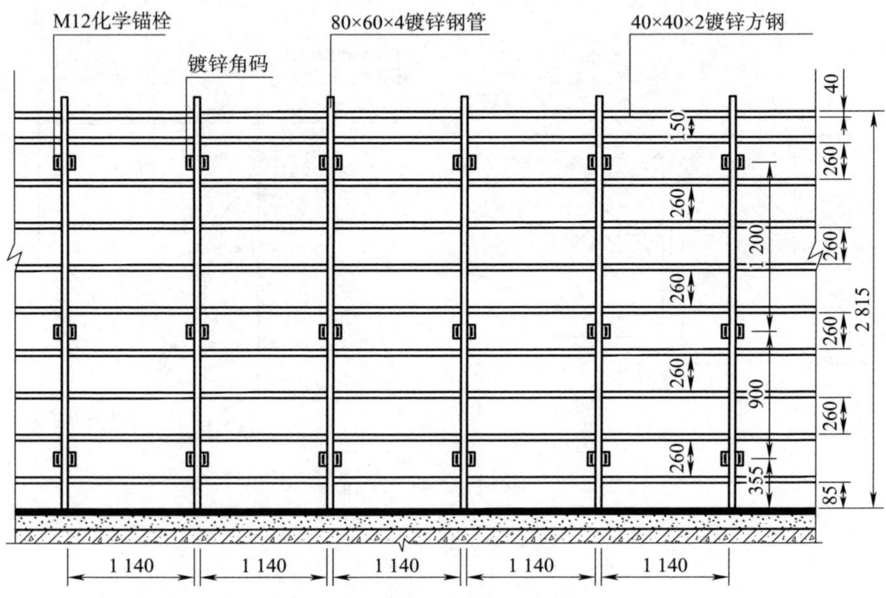

图 2-17 离壁墙清水混凝土挂板龙骨排布图(单位:mm)

在纤维水泥板安装前,应在板材背面刷两道硝基漆防霉。待硝基漆完全干透后用自攻螺钉将板材固定到龙骨上,板边钉距不应大于200 mm,板中间钉距不应大于300 mm,自攻螺丝距板边10～15 mm为宜,距切断边15～20 mm为宜。沿板边螺丝间距200 mm为宜,板中螺丝间距300 mm为宜,自攻螺钉紧固板材时,板材必须与龙骨贴平贴紧。安装板材时,应从板的中部向长边及短边固定,钉头稍埋入板内,自攻螺丝应陷入板表面0.5～1 mm深度为宜。将嵌缝膏填入板间缝隙,压抹严实,厚度以不高出板面为宜,然后可进行墙面漆装饰。当壁墙表面装修做法为瓷砖墙面,则离壁墙应采用瓷力水泥纤维板,施工方式同上。

离壁墙清水混凝土挂板横剖图如图2-18所示。

(2)瓷砖墙面

在铺贴瓷砖前,应在CAD软件或BIM软件上对墙面、顶面、地面进行综合排版以确保对缝,排版过程中充分考虑墙地面上的安装物品(开关

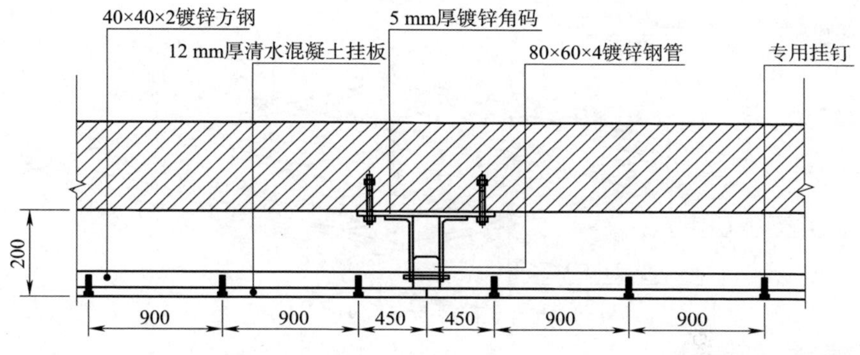

图 2-18　离壁墙清水混凝土挂板横剖图(单位:mm)

面板、小便斗等),使其居于板块中或沿一边骑缝以确保美观,并且要求排版内不得出现小于 1/2 瓷砖宽度的板块。

墙面瓷砖镶贴前应首先完成地面砖铺贴,为确保墙地对缝,墙面砖应压地砖 3～5 mm,且墙面砖应从地面最低点开始进行镶贴,在镶贴前应实测地面最高点和最低点的高差,以确定最低点处墙面砖需要裁切的尺寸。镶贴墙面时不得转圈镶贴一面压一面,应先将对向两面墙镶贴完成后方可开始两侧墙面施工。瓷砖墙面的阳角拼缝不宜使用 45°拼角的方式进行施工(因其易损化且容易伤人),应采用阳角装饰条或拼海棠角的方式。

3. 顶面装修施工注意事项

(1)铝合金方块冲孔板安装

铝合金冲孔板在安装前也应先在 BIM 软件或 CAD 软件上对现场实测实量尺寸数据进行预排版,要求顶面灯具及消防监测设备居于吊顶板面中,多联机及出风口等安装位置合理,与吊顶板衔接紧密,错落有致,不出现散乱现象。同时还应确认顶面设备安装是否完成,在确认顶面设备安装完成后方可进行施工。当吊顶上安装的设备需要日常检查维护时,应在设备附近位置增设检修口,以方便检修。

安装过程中主龙骨应沿灯具排布的方向进行布置,且丝杆杆间距不大于 1.2 m,悬挑部分长度不大于 300 mm,而且在检修口四周加设封边横撑龙骨并应增设吊杆。铝合金方块冲孔板安装示意图如图 2-19 所示。

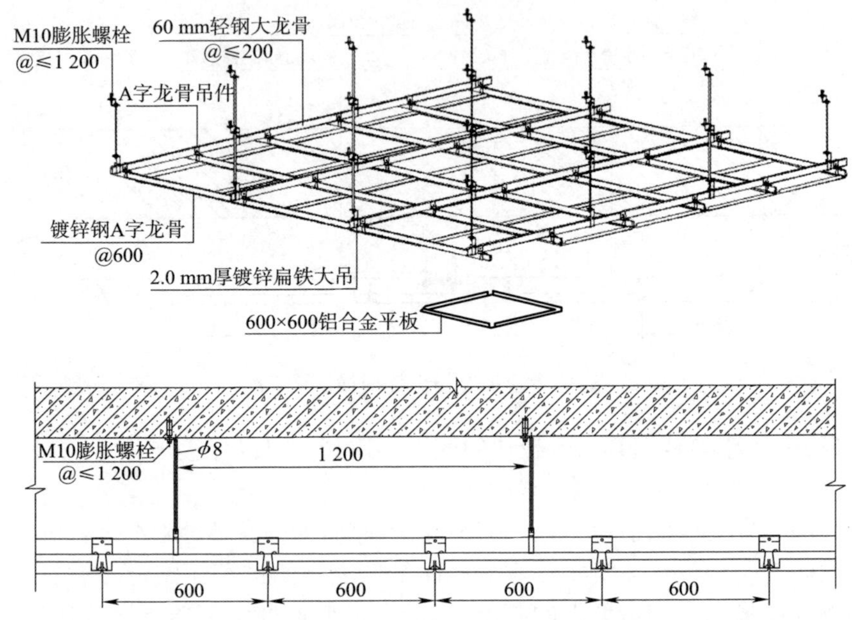

图 2-19　铝合金方块冲孔板安装示意图(单位:mm)

(2)吊顶转换层及反向支撑

当吊顶完成面距结构顶板之间的距离大于 3 m 时,需设置转换层以保证吊顶的稳固及可靠。当吊顶中所用丝杆长度超过 1.5 m 时,需要设置反向支撑以保证顶面整体刚度,反向支撑应按梅花形分布以保证顶面整体受力的均匀,吊顶反向支撑示意图如图 2-20 所示。在地铁施工中,因顶面安装设备管线较多,当遇到大风或密集管线设备时也需设置转换层,转换层示意图如图 2-21 所示。

4. 地面装修施工注意事项

(1)抗静电架空地板施工

抗静电架空地板安装时,在确认地面内设备管线安装完成后,对作业地面进行找平层作业,要求找平层整体施工误差在±5 mm 之内且表面应平整、光洁,不起尘不反沙,含水率不大于 8%。安装前应认真清理干净。确保地面清洁后,开始涂刷防静电绝缘漆,漆面要求完整无漏刷,漆

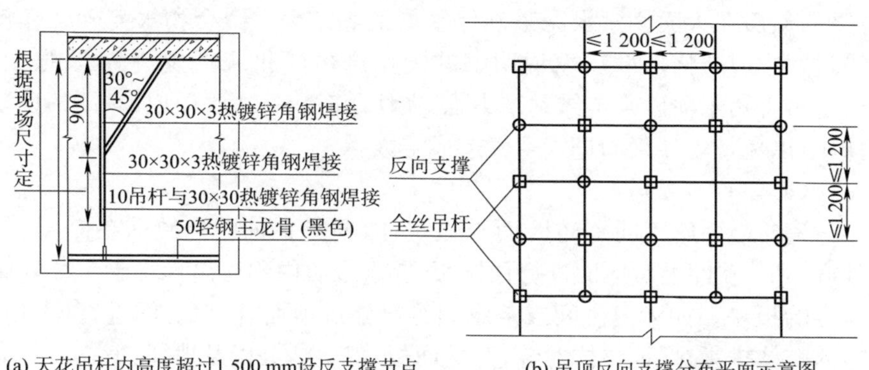

(a) 天花吊杆内高度超过1 500 mm设反支撑节点
(技术要求：间距≤1 200 mm，钢骨架满焊连接)

(b) 吊顶反向支撑分布平面示意图

图 2-20　吊顶反向支撑示意图(单位:mm)

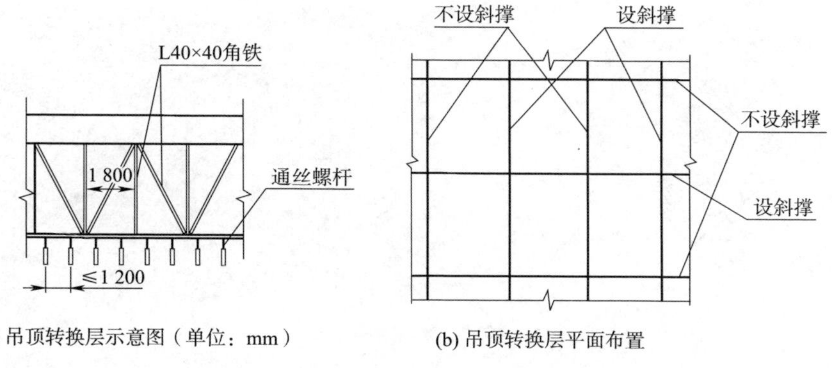

(a) 吊顶转换层示意图（单位：mm）

(b) 吊顶转换层平面布置

图 2-21　吊顶转换层示意图及平面布置图

浆饱满,刷漆高度应同地板架起高度一致。同时应对地面进行实测实量,然后利用 BIM 软件或 CAD 软件对现场实测尺寸进行预排版,在确定排版后方可进行施工。抗静电地板地面为满足消防要求,还要求设置不小于房间总面积 20%的冲孔地板,排版时应综合考虑,具体排版应讲究对称分布,确保整体美观。

(2)聚合物水泥砂浆地面施工

聚合物水泥砂浆的整体施工工艺同普通水泥地面一样,在地面开始施工前应将基层上的黏结物、灰尘、油污彻底处理干净,并认真进行清洗湿润，然后在大面洒素水泥浆确保基层的黏结力。聚合物水泥砂浆在使用过程中应严格按照厂家说明书的配比进行拌和，以免影响砂浆强度。由于聚合物水泥砂浆整体黏结力强，在使用时应一次收面成形，严禁反复抹压，以免带动砂浆面进入空气造成空鼓。

(3)瓷砖地面施工

瓷砖地面施工同瓷砖墙面施工一样，要求在铺贴瓷砖前在 CAD 软件或 BIM 软件上对地面进行预排版，要求排版内不得出现小于 1/2 瓷砖宽度的板块。如为卫生间或茶水间等全瓷墙地面，应对房间进行墙、顶、地的整体排版，保证整体对缝；开关面板、卫生洁具以及地漏、清扫口等应错落有致，居于板块正中或沿一边骑缝，地漏处找坡应提前开始，坡度需符合图纸要求，图纸无要求时坡度宜为 1%。地漏与瓷砖的拼缝处应采用四边切、对角线切割、十字型铺贴等方式，如图 2-22 所示。

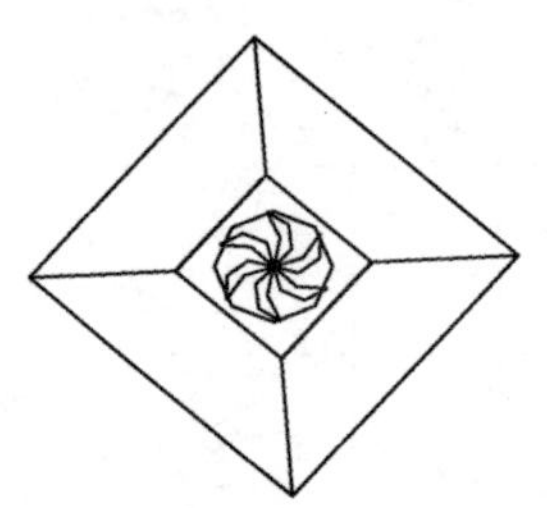

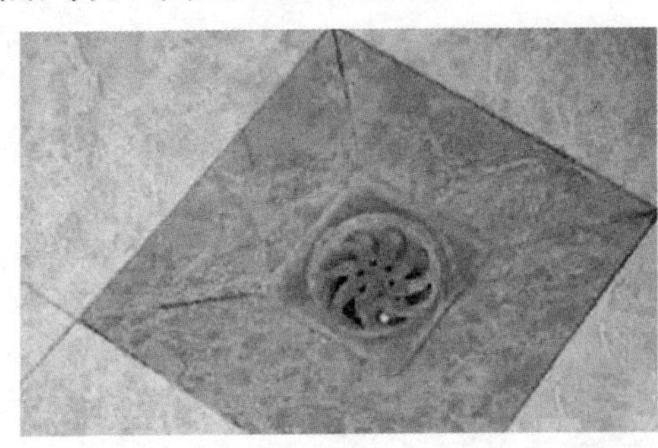

(a) 对角线切割铺贴

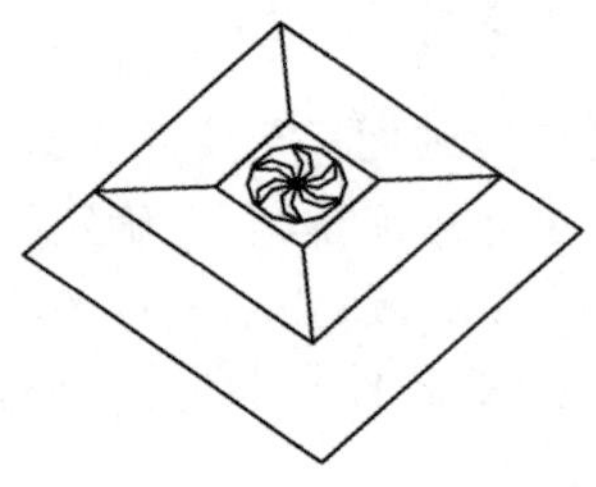

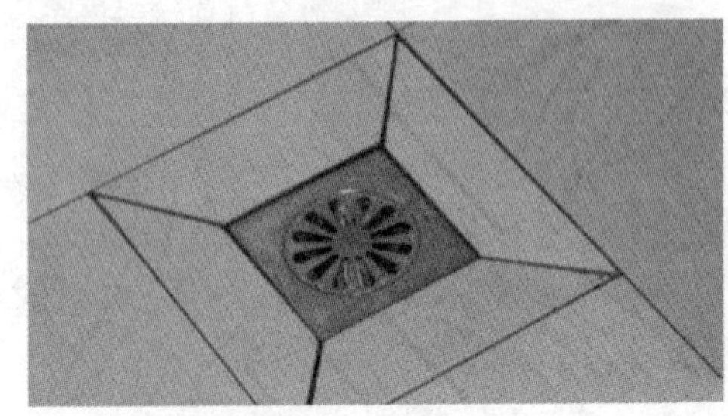

(b) 四边切方式铺贴

图 2-22

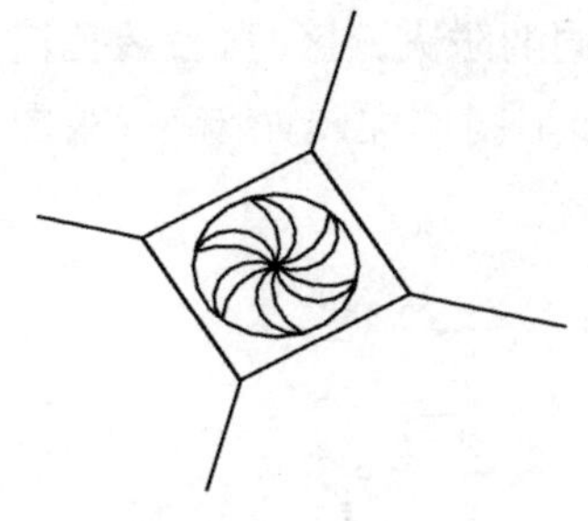

(c) 十字型铺贴

图 2-22　地漏与瓷砖的拼缝

5. 其他装修施工注意事项

(1)涂膜防水

聚氨酯涂膜施工顺序：基层处理→(增强涂抹或增补涂料)→涂布第一道涂膜防水层→(增强涂抹或增补涂料)→涂布第二道涂膜防水层。

涂布顺序应先垂直面后水平面，先阴角处及细部后大面。每层涂抹方向应相互垂直。

在墙根、设备基础、管道等水泥砂浆抹出的腋角上以及地漏套管上应先涂刷一层防水涂膜，涂膜宽度不小于 150 mm。墙根和柱脚应再次涂刷 250 mm 高的涂膜防水后，方可进行大面涂刷。涂布第一道聚氨酯涂膜防水材料时，可用橡皮板刷均匀涂刷，力求厚薄一致，平面或坡面施工后，在防水层未固化前不宜上人踩踏，涂抹施工过程中应留出退路，可以分区分片用后退法涂刷施工。第一道涂膜固化后，即可在其上均匀涂刷第二道涂膜，其施工方法与第一道相同，但涂刷方向应与第一道的涂刷方向垂直。涂布每一道涂膜与上一道相隔的时间，以上一道涂膜的固化程度确定，一般不小于 4 h(以手感不粘)。第三道涂膜同第二道。

(2)吊装孔封堵

当吊装孔所串通的两层房间在同一防火分区时，吊装孔可采用钢盖板进行封堵；当吊装孔所串通的两个房间在不同的防火分区时，吊装孔应当用轻集料制混凝土盖板进行封堵。盖板的加工制作详图如图 2-23、图 2-24 所示。

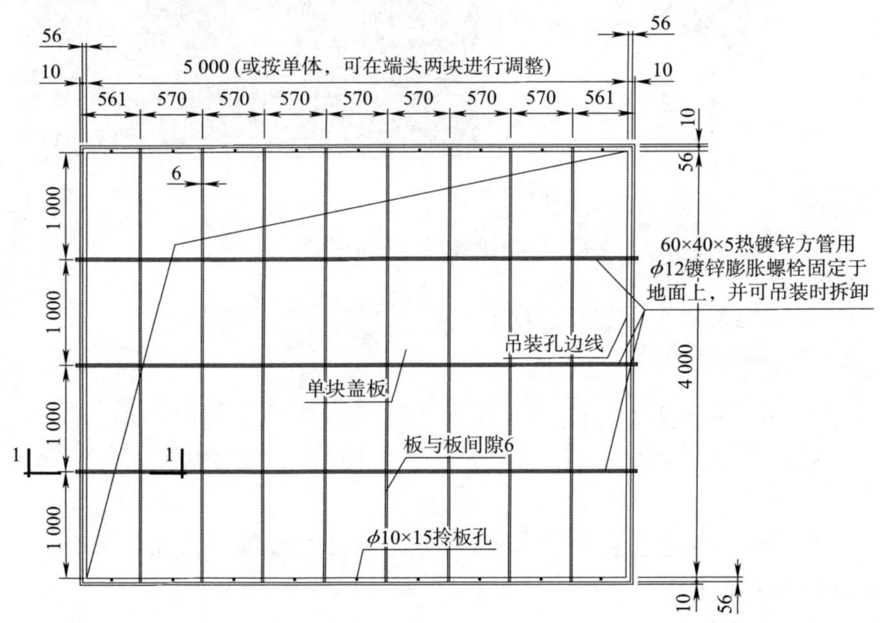

图 2-23　吊装孔盖板平面图（单位：mm）

(3)站台层端部栏杆绝缘处理

站台层端部栏杆毗邻轨行区，地铁车辆在运行过程中因静电传导极有可能导致站台层端部栏杆带电。为避免此类问题出现，站台层端部栏杆在施工完成后应选用绝缘涂层进行绝缘处理。

(4)区间防火门安装

安装门框前，应首先根据图纸明确门的开启方向，图纸无要求时开启方向根据风压决定，正压内开。门框应安装在洞口的安装线上，调整侧面垂直度、水平度和对角线，合格后用对拔木楔临时固定，木楔应贴在边框、横框受力部位，以防变形。门框安装时将门框连接铁件焊牢于预埋件上或用化学锚栓固定于墙上。门框内必须进行混凝土灌浆，使门框与结

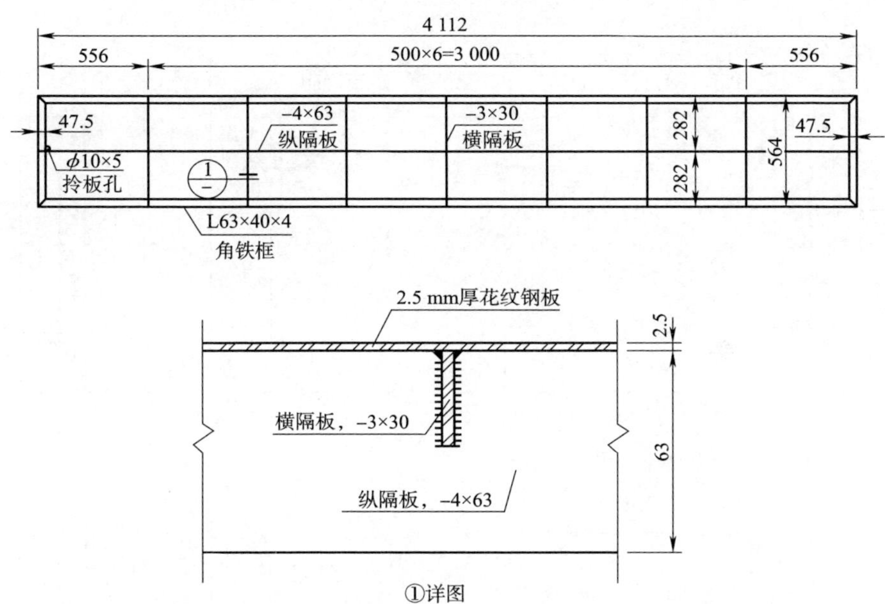

图 2-24　单块盖板骨架平面图(单位:mm)

构墙无缝连接,灌浆结束后需养护 24 h 后方可继续进行作业,下门槛需埋入地面垫层内。然后进行门扇安装,门窗安装必须牢固且横平竖直。

为避免门框与结构墙体连接不牢固,应在结构墙体采用化学锚栓固定预埋件后再与门框满焊连接。具体安装详见图 2-25。

(5)防火观察窗安装

防火观察窗安装完成后,窗框与墙体之间的缝隙应采用 C20 细石混凝土填补密实,且防火玻璃与防火观察窗框之间应采用防火胶进行填缝处理。

(6)防鼠板安装

一般电气设备机房、通信设备机房及通风空调机房等都设有不锈钢材质的挡鼠板,以防止老鼠对机房内的电气设备造成损坏。挡鼠板应在地面装修完成后、踢脚线镶贴前安装,挡鼠板的滑槽应与墙面贴死,中间

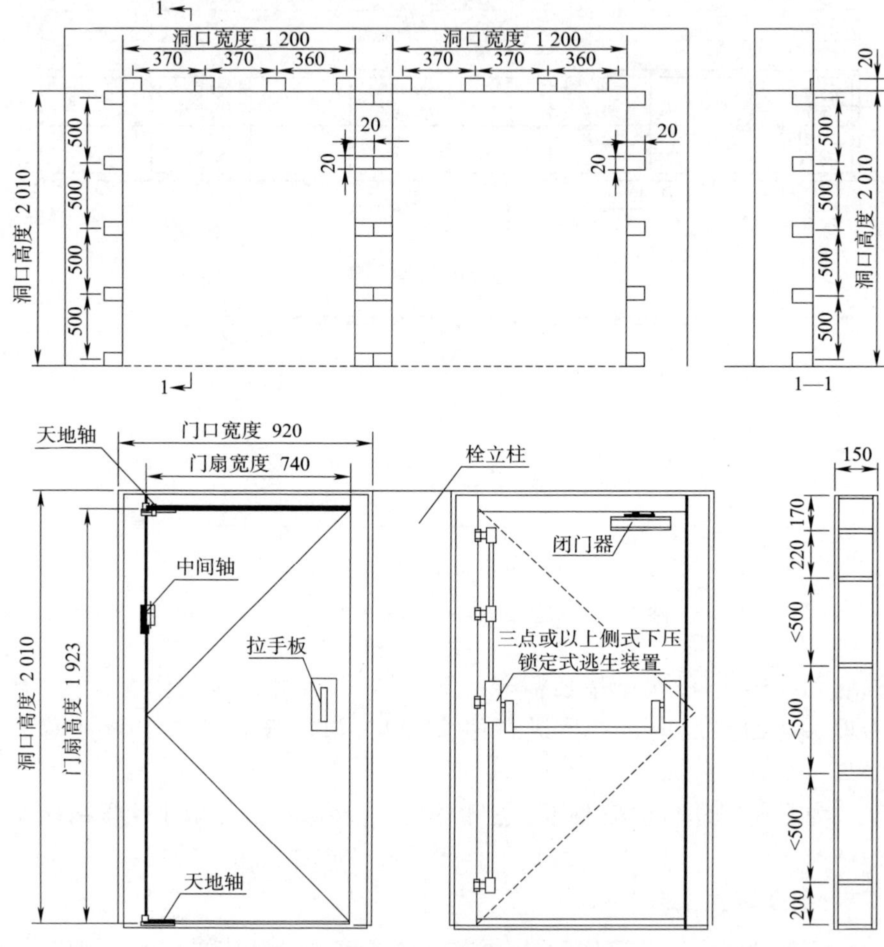

图 2-25 区间防火门安装示意图(单位:mm)

不得留有空隙,且挡鼠板的安装应与门的开启方向相反。

(7)防火封堵

防火封堵为地铁车站施工中的一个重要环节,直接牵扯到车站的消防安全,是保护人员、设备的重要环节,因此防火封堵中所使用的材料均需达到不小于 3 h 的耐火极限。

防火封堵常用方法：将金属管壁与洞内壁表面清理干净，无浮土、干燥、无霜冻，然后在金属管壁穿越段周边涂 2～3 mm 厚防火胶，将防火泥与水充分均匀混合(比例为 10～12 L 水混合 20 kg 防火泥，可封堵 0.036 m^3 洞口)，在墙体一侧或楼板下侧临时固定干净模板(可为铁板、木板或防火板)，将混合好的防火泥填入洞口至所需厚度，楼板 105 mm，墙体 90 mm，选用适合规格的阻火圈套在墙体两侧或楼板下侧，在管道与防火接缝处用防火胶封边，并包裹阻火圈。具体做法详见图 2-26～图 2-30。

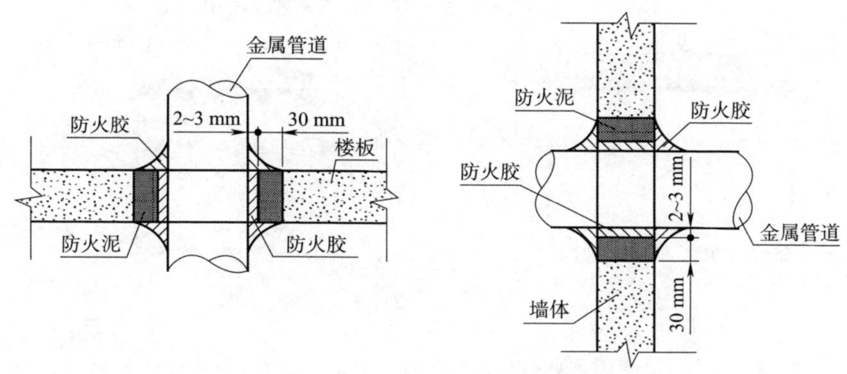

图 2-26　防火封堵示意图(混凝土墙)

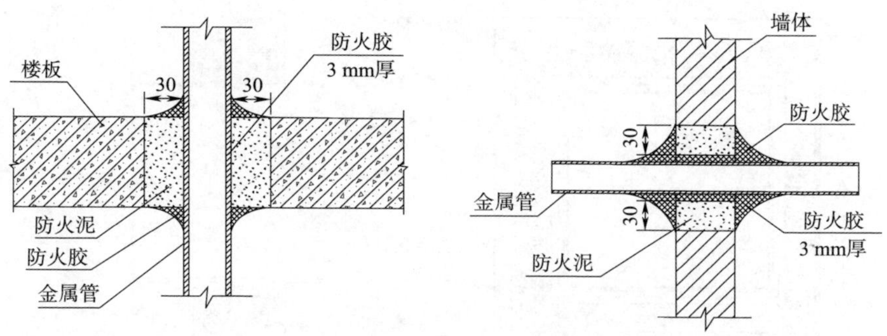

图 2-27　安装在楼板上(单位：mm)

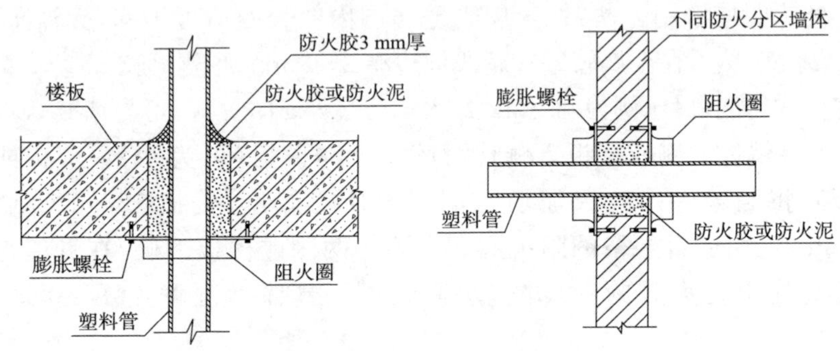

图 2-28　给排水非金属管道防火封堵大样图

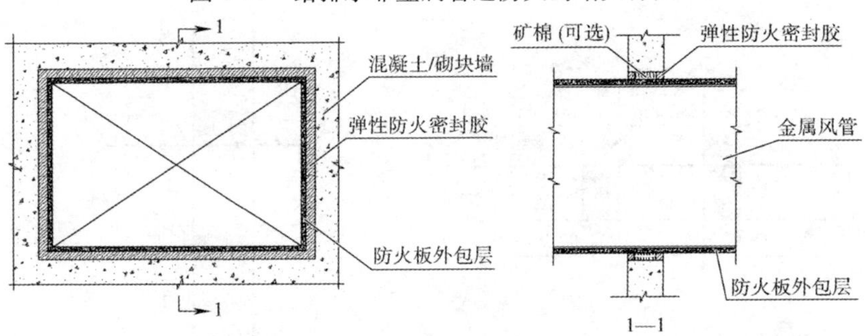

图 2-29　带防火板外包金属风管穿墙孔防火封堵(耐火时效 3 h)

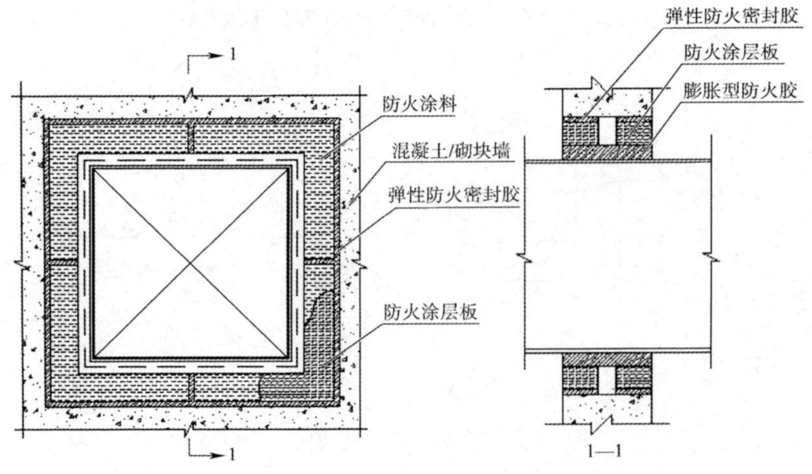

图 2-30　金属风管穿墙缩孔防火封堵(耐火时效 4 h)

2.2.2 公共区装修

站厅层、站台层公共区的装修主要由吊顶、墙面、柱面、地面(含站台层两侧沿屏蔽门方向 2 m 宽的绝缘层施工)、楼梯踏步、分隔栏、墙地面导视牌(含疏散指示牌)、照明灯具的安装等部分组成。公共区装修材料要求采用防火、防潮、防腐、放射性指标满足国家环保要求、经济、耐久、美观、便于清洗的材料。地面及楼梯采用防滑、耐磨、耐腐蚀的装饰材料。按功能的需要,在设备、管理及公共部位采用吸音、防潮的装饰材料。

施工流程为:轴线控制网编放→现场结构实测实量→装修图纸深化→墙面装修→顶面装修→地面装修→栏杆扶手及疏散指示安装,如图 2-31 所示。

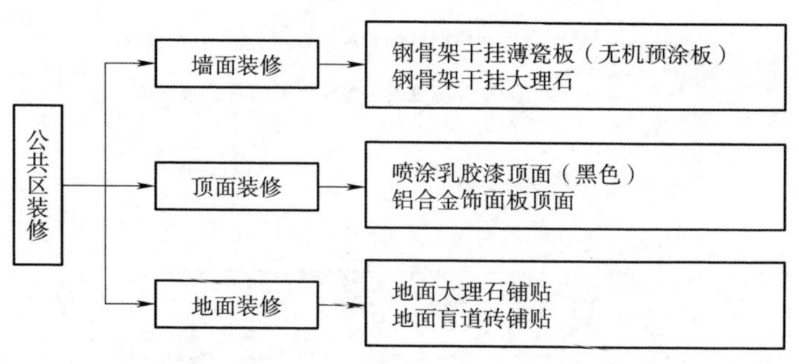

图 2-31　公共区装修施工流程图

1. 墙面装修施工注意事项

(1)消火栓及其他配电箱隐形门安装

隐形门施工是公共区墙面施工中的重要环节,要求开启角度不小于 135°,隐形门的开启方向应该同消防手报盒和消火栓的栓口相反,保证“开门见栓”,隐形门开启应顺畅无附加阻力,锁固状态稳定,横平竖直。具体做法详见图 2-32。

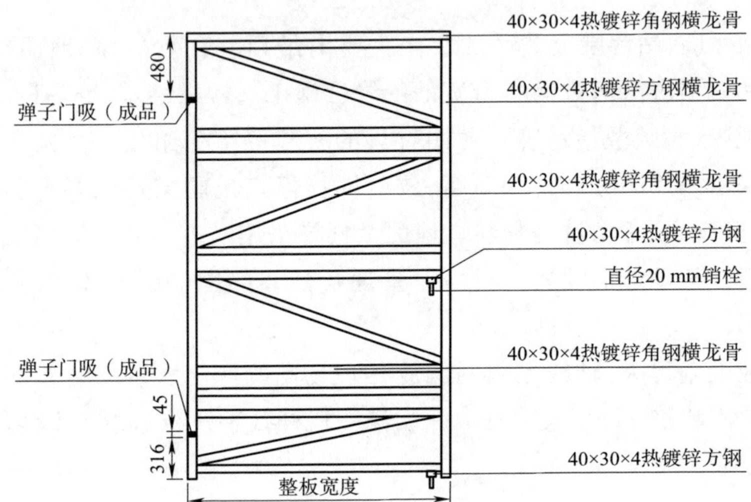

注：横向骨架间距以饰面板挂件位置为依据进行排布

(a) 干挂复合薄瓷板消火栓伪装门龙骨布置图

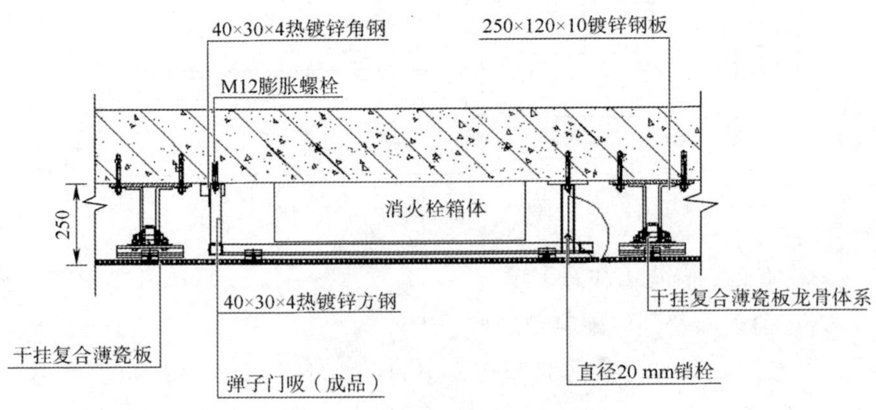

(b) 干挂复合薄瓷板墙面消火栓横剖面图

图 2-32

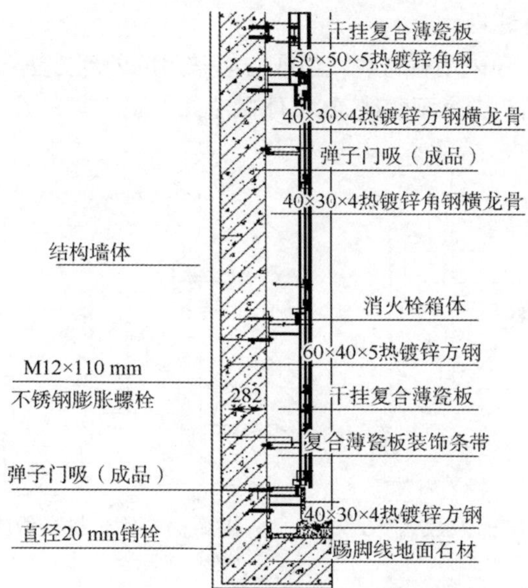

(c) 干挂复合薄瓷板墙面消火栓竖剖面图

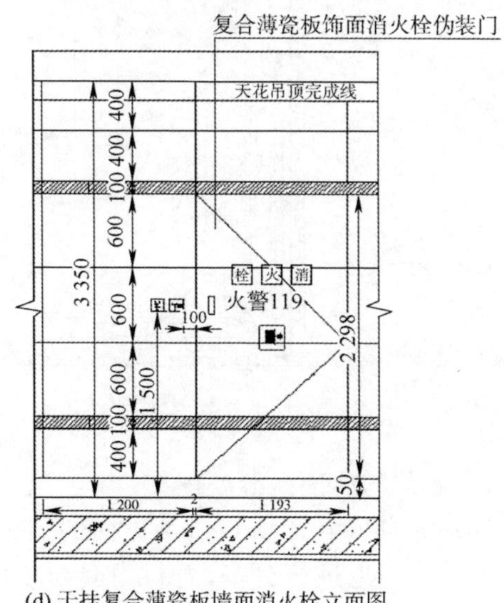

(d) 干挂复合薄瓷板墙面消火栓立面图

图 2-32　干挂复合薄瓷板墙面消火栓安装示意图(单位:mm)

(2)墙面阳角处理

石材墙面的阳角采用石材磨圆边或拼海棠角的处理方法,薄瓷板墙面的阳角通常使用成品铝合金阳角线条,具体做法详见图 2-33～图 2-35。

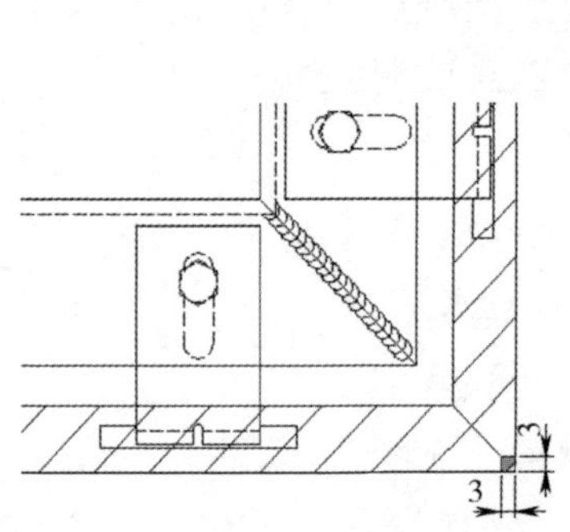

图 2-33 海棠角阳角做法示意图(单位:mm)

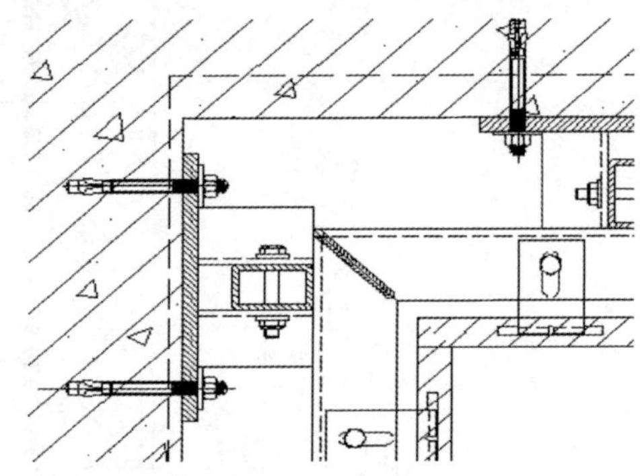

图 2-34 阴角拼接做法示意图

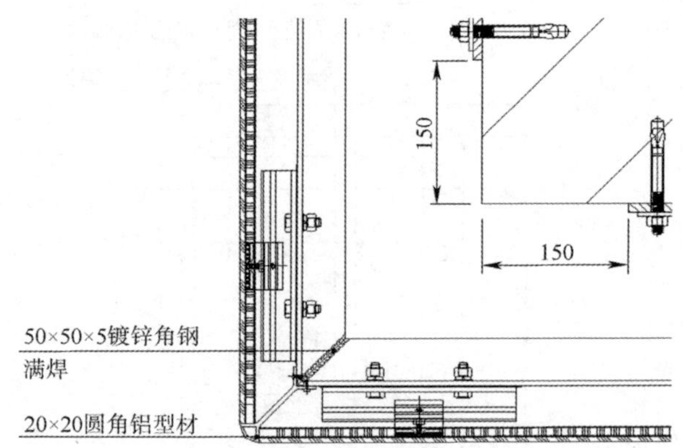

图 2-35 铝合金成品阳角线条做法示意图(单位:mm)

(3)石材门套安装与墙面拼缝处理

西安的地铁车站通常在出入口进站方向的端头设置石材门套,以将站厅公共区同出入口通道进行分割,石材门套与墙面的拼缝要求过渡自然,线条顺直,具体做法详见图 2-36。

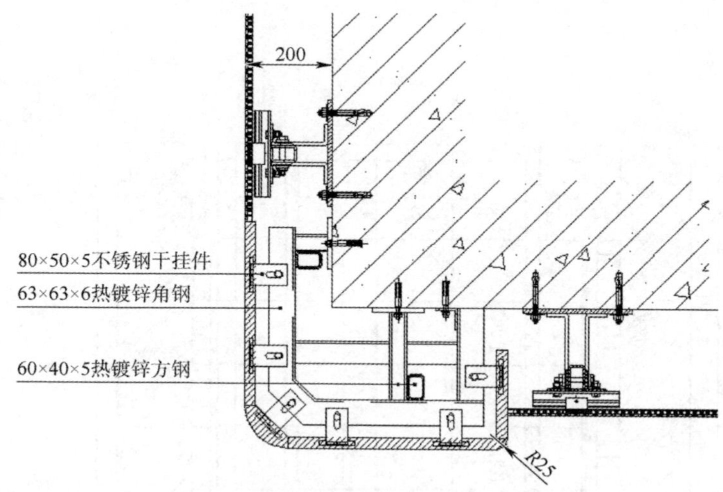

图 2-36　石材门套安装与墙面拼缝做法示意图(单位:mm)

(4)人防伪装门施工

地铁站内的人防门作为地铁防护单元的重要设备,无论在设计过程中还是在施工过程中,都是重中之重的环节。人防门主要由有人防安装资质的专业系统承包商进行安装,主要针对人防门外立面进行装饰装修,将人防门隐藏起来,以满足车站内墙装修的统一和完整。人防伪装门的安装施工要求在不破坏、不侵犯人防设备的情况下进行,人防伪装门的受力骨架不得在人防门及其相关设备上进行附着受力点的施工,要求安拆方便、快速,外立面与墙面整体装修统一。具体施工方法详见图 2-37。

2. 顶面装修施工注意事项

(1)楼扶梯斜面吊顶施工

在地铁车站装修工程中,除平面吊顶外,在楼扶梯处由于结构限制,通常为斜面吊顶,斜面吊顶中不得使用丝杆进行顶面装饰板的挂吊,应采用角钢制作转换层,以防止斜向受力导致顶面变形。斜面吊顶的完成面距电扶梯的踏步外沿斜切线的距离不得小于 2.3 m。楼扶梯侧面收口节点图如图 2-38 所示,楼扶梯处斜面吊顶高度要求示意图如图 2-39 所示。

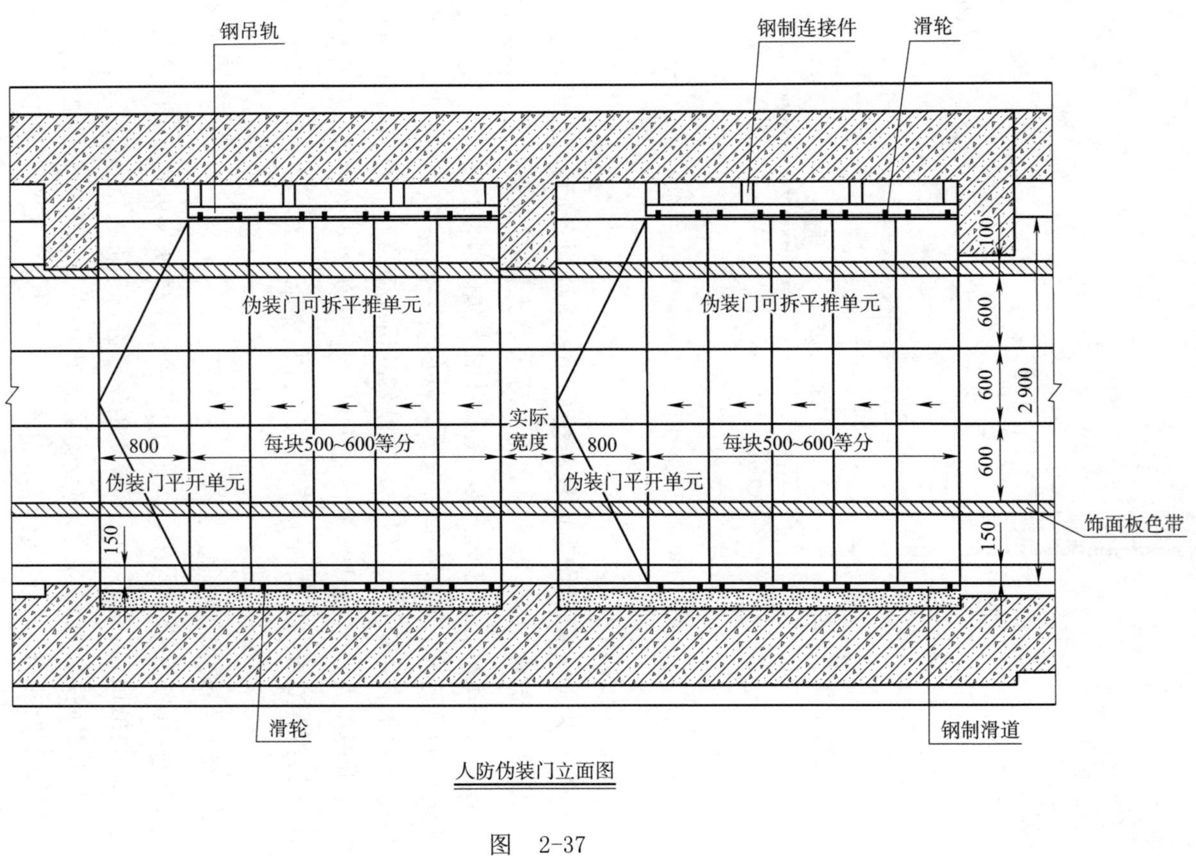

人防伪装门立面图

图 2-37

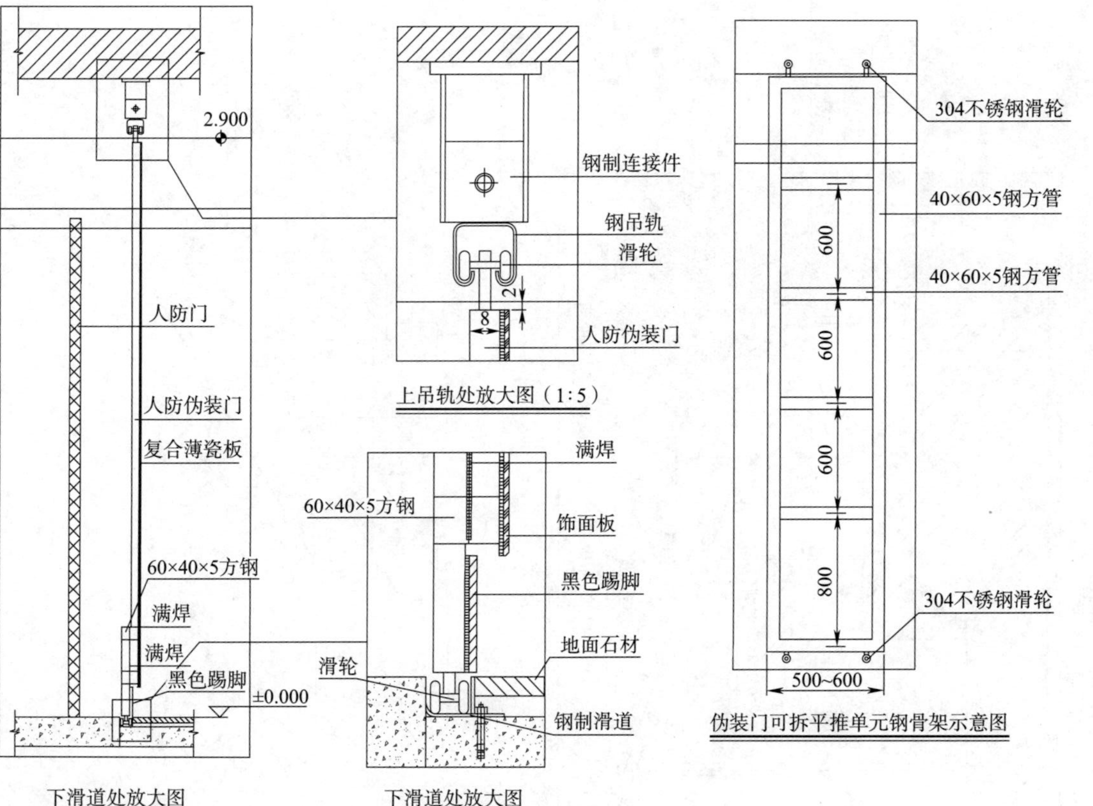

图 2-37　人防伪装门施工方法示意图（单位：mm）

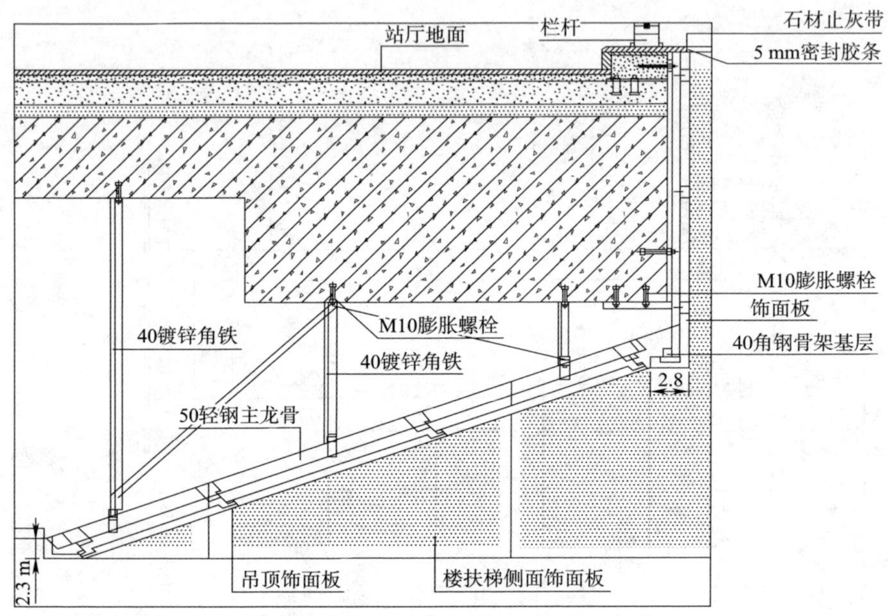

图 2-38 楼扶梯侧面收口节点图

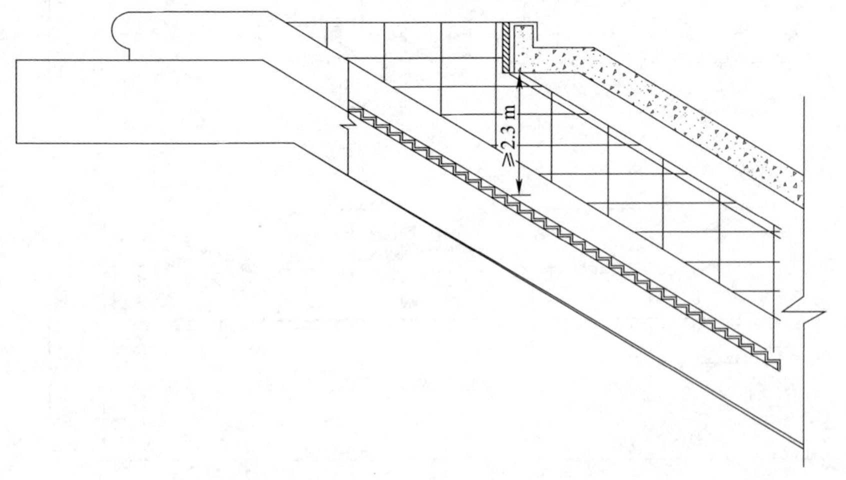

图 2-39 楼扶梯处斜面吊顶高度要求示意图

(2)吊顶与屏蔽门拼接施工

为保证站台层屏蔽门及其相关设备的正常运行,避免因静电导致屏蔽门开启时出现短路的静电电弧发生安全隐患的现象,要求屏蔽门盖板纵向范围内沿屏蔽门盖板上 200 mm 范围内不得有非屏蔽门设备的其他铁件,横向范围内沿屏蔽门盖板 50 mm 范围内不得有非屏蔽门设备的其他铁件,具体做法详见图 2-40。

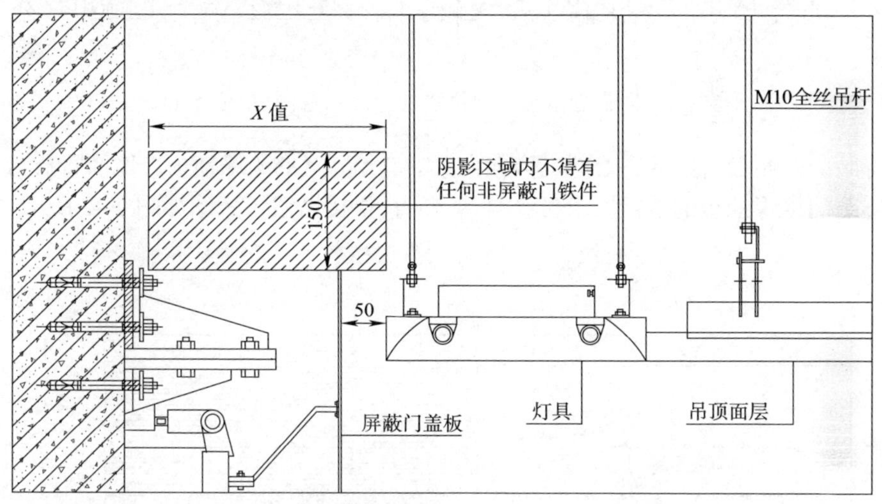

说明：1. 阴影区域内不得有任何非屏蔽门铁件。
2. X值为屏蔽门盖板上200 mm，宽度为屏蔽门盖板外50 mm+屏蔽门盖板内距结构墙尺寸。

图 2-40　吊顶与屏蔽门拼接做法示意图(单位:mm)

(3)吊顶与防火防盗卷帘拼接施工

防火卷帘为防火分区的分割设备,在公共区内常有设置及使用。为保证车站的装饰完整性,在防火卷帘安装位置还需进行装修的细部调整,调整原则为不影响防火卷帘门的正常开启和使用,满足防火卷帘的防火需求,在不损坏防火卷帘使用功能的前提下做到整体美观、卷帘暗藏。防火卷帘与吊顶拼接处做法示意图如图 2-41 所示。

3. 地面装修重难点施工

(1)地面石材与绝缘带地面拼接施工

为减小静电干扰,保证屏蔽门及其相关设备的正常运转,通常在站台层

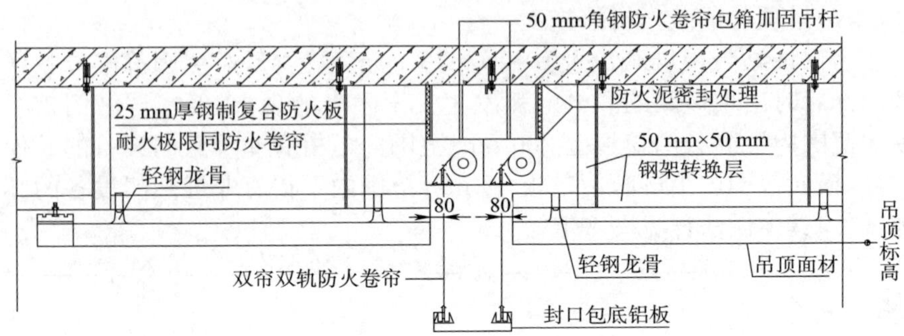

图 2-41 防火卷帘与吊顶拼接处做法示意图(单位:mm)

屏蔽门往站台公共区中心线的方向设置 900 mm 宽的绝缘地板。地面石材与屏蔽门绝缘地板的拼接要求过渡自然、顺直,拼接做法示意图如图 2-42 所示。

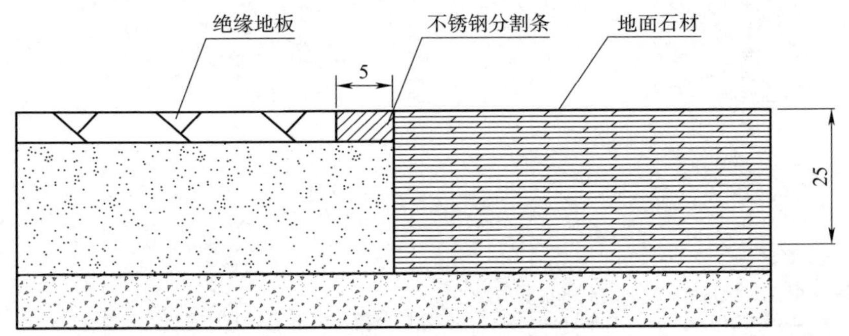

图 2-42 绝缘地板与地面石材拼接做法示意图(单位:mm)

(2)站台地面盲道砖铺贴施工

站台层屏蔽门除常开的对向滑道门外,还设有平开的消防应急门。消防应急门的开启范围为屏蔽门外 1.25 m,由于在此范围内的站台层地面设置有盲人导向砖,在进行地面铺贴时应进行现场屏蔽门底口的实测实量,确定盲道砖上凸出条纹的完成面,正常地面石材标高由此再向下反推,确保地面装修完成后屏蔽门的消防应急门可自如开启。盲道砖与屏蔽门应急门拼接铺贴示意图如图 2-43 所示。

(3)地面装修井盖安装

地铁车站公共区地面预留管线及检修坑洞较多,在地面装修前应使

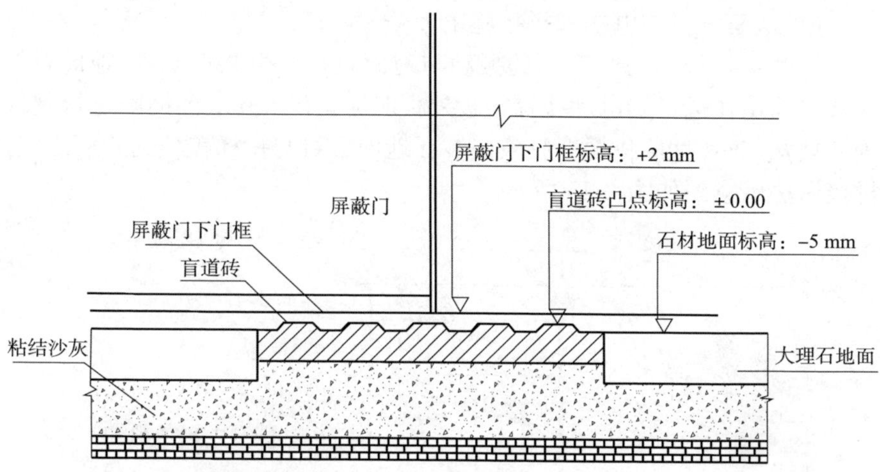

图 2-43　盲道砖与屏蔽门应急门拼接铺贴示意图

用 BIM 软件或 CAD 软件对现场实测数据进行预排版，排版过程中应充分考虑地面检修坑洞位置，尽可能确保检修井盖位置合理美观。地面装修时对其检修位置进行醒目的标识，防止工人误操作导致漏留或留错。在完成地面铺贴后对检修坑洞进行装饰盖板安装，要求留置尺寸精确、留置位置正确、留置数量准确。检修盖板剖面图如图 2-44 所示。

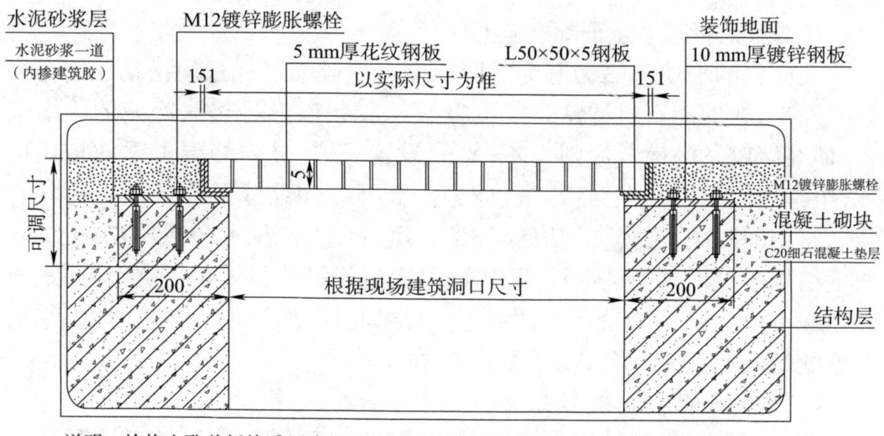

图 2-44　检修盖板剖面图(单位:mm)

(4)地面石材与电扶梯拼接施工

为避免扶梯运行时产生的振动与地面石材产生共鸣现象,地面石材板块的铺贴在进行到电动扶梯盖板外框时应留出 8 mm 的缝隙进行弹性胶的填塞,或者直接将柔性胶条嵌装在地面石材与扶梯盖板的外框之间,拼接做法示意图如图 2-45 所示。

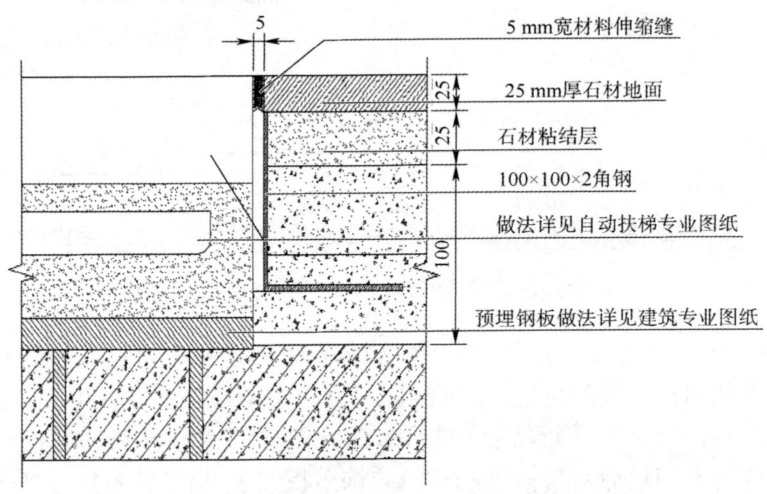

图 2-45 地面石材与电扶梯拼接施工示意图(单位:mm)

(5)地面伸缩缝与沉降缝施工

大面积的板块铺贴为避免热胀冷缩产生收缩造成板块松动翘起等现象的发生,在地面石材铺贴时应设置收缩胶条以满足热胀冷缩的收缩需要,伸缩缝胶条的设置原则为 4～5 m 设置一道,伸缩缝要求饰面板块以下、结构地板以上的粘结沙灰也应分割断开。伸缩缝条应选用本身具有装饰作用的胶条,不得使用嵌缝胶条。沉降缝(变形缝)为结构防止沉降发生结构断裂设置的诱导缝,具体位置取决于结构设置位置,要求同地面伸缩缝一样,具有一定的装饰性,还应有纵向伸缩量和止水带。地面结构变形缝做法示意图如图 2-46、图 2-47 所示。

(6)地面横截沟盖板装饰

地铁车站内为满足排水要求,在地面上设置有横截沟,横截沟的盖板装饰应选用与地面石材相同的石材进行加工制作,以保证整体装修的完

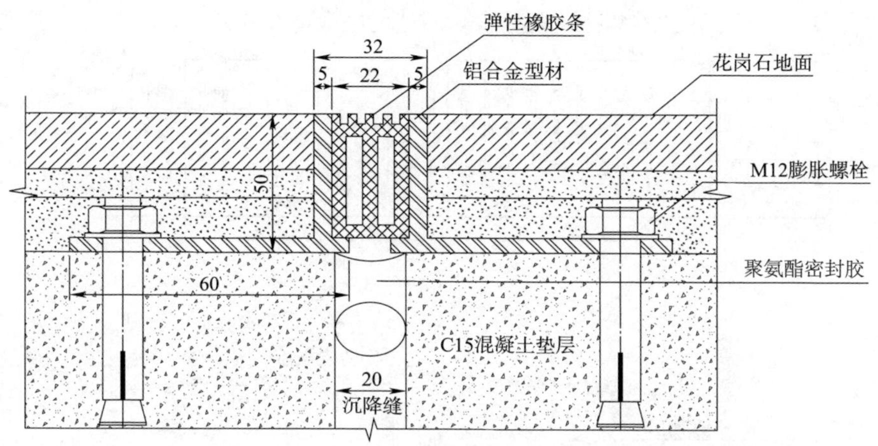

图 2-46　地面结构变形缝做法示意图(一)(单位:mm)

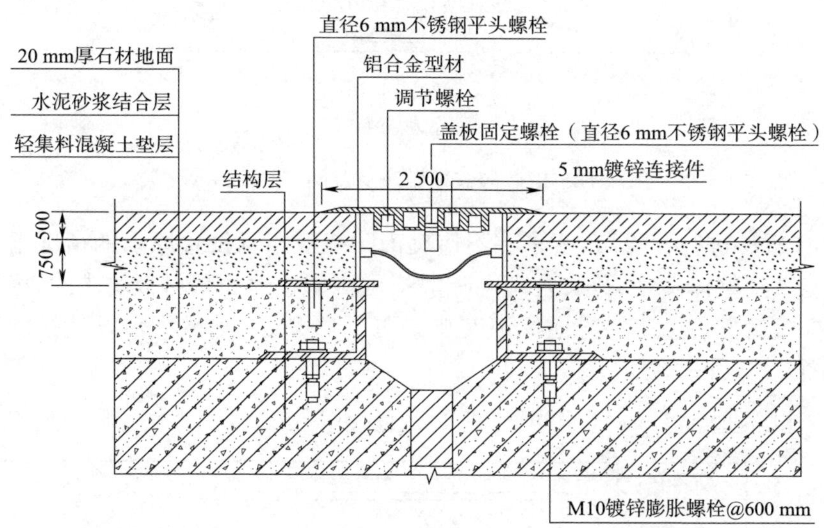

图 2-47　地面结构变形缝做法示意图(二)(单位:mm)

整性。盖板做法如图 2-48 所示。

(7)地面疏散指示排布与石材拼缝施工

地铁车站地面设置的导向疏散指示在安装前应使用 BIM 软件或

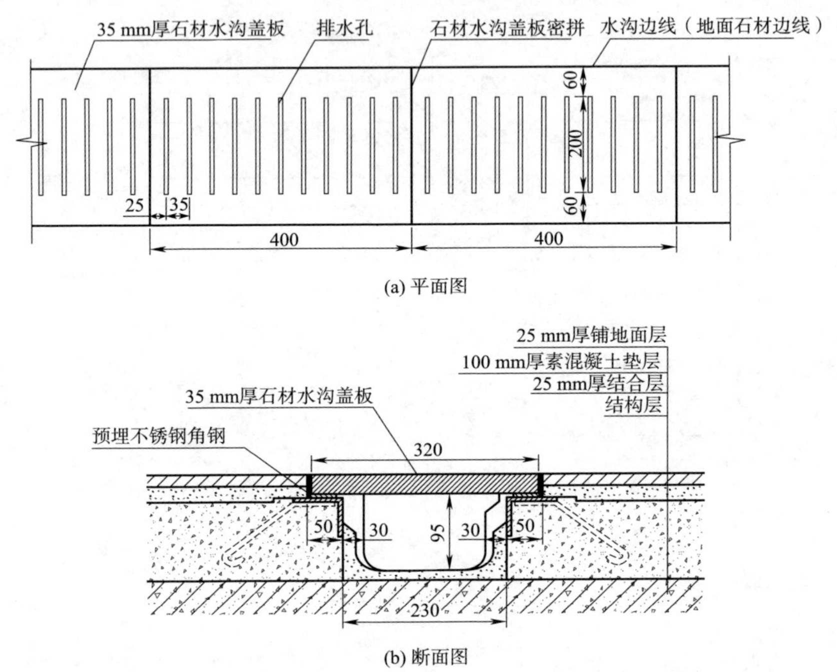

图 2-48　横截沟盖板做法示意图(单位:mm)

CAD 软件进行预排版,要求在不违反消防疏散指示设置原则的情况下尽可能做到整体美观、分布合理。疏散指示应居于地面石材板块中间,确定好排版后方可施工。导向标识安装如图 2-49 所示,疏散指示安装排版图如图 2-50 所示。

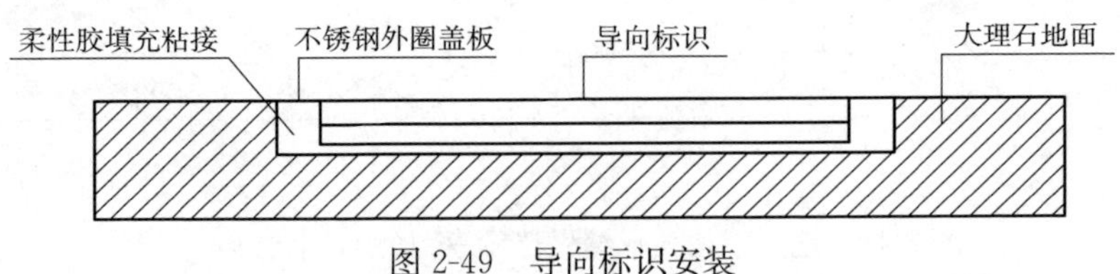

图 2-49　导向标识安装

(8)人防伪装门底梁不锈钢盖板与地面的拼接施工

在人防门处除设置人防伪装门外,还设有人防门底槛不锈钢盖板,设置要求为便于拆装、安拆快速,不在人防门底槛上进行附着受力,不影响

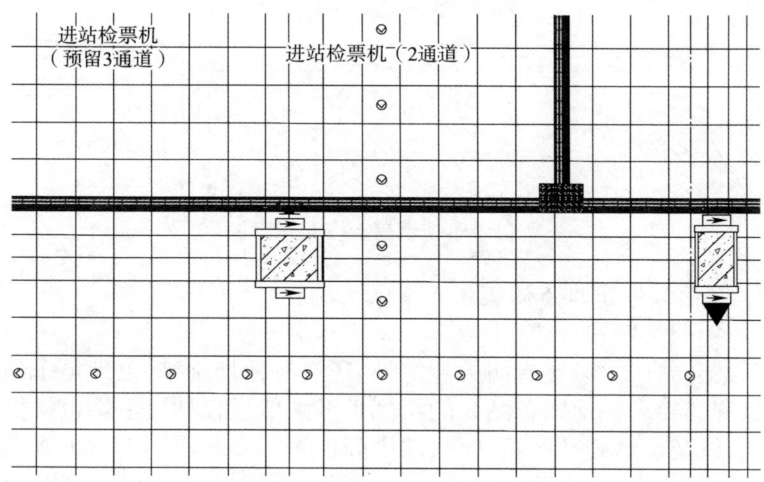

图 2-50　疏散指示安装排版图

地面装饰装修效果，如图 2-51、图 2-52 所示。

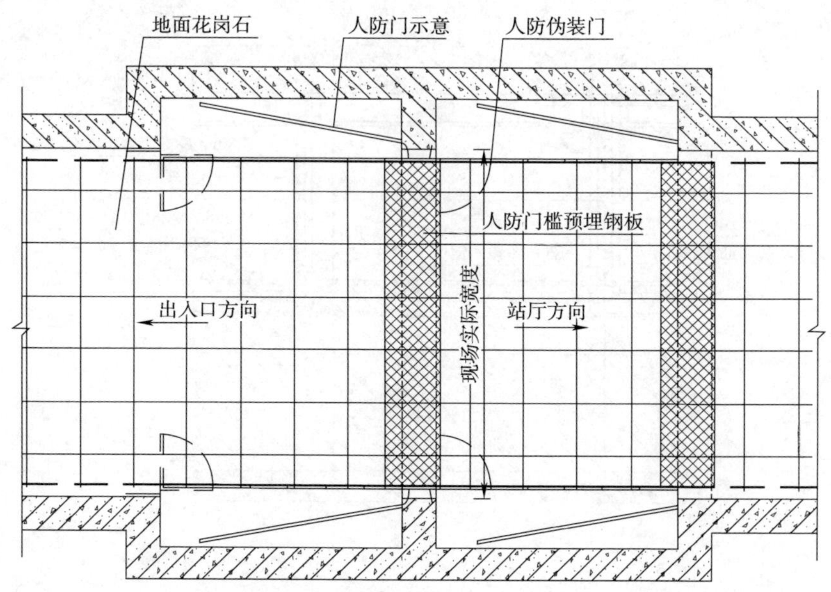

图 2-51　人防门槛不锈钢盖板平面位置示意图

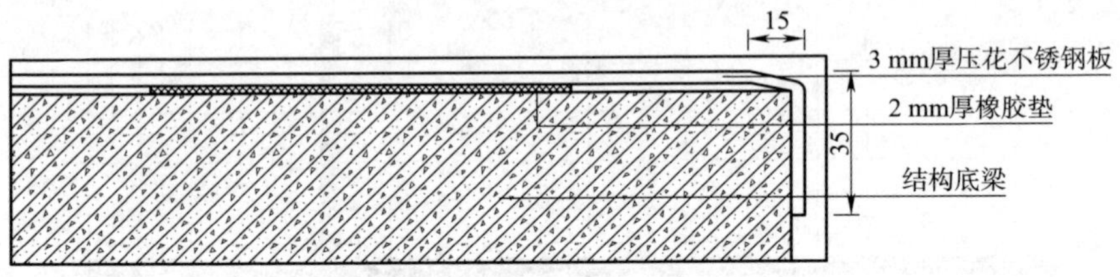

图 2-52 人防门槛不锈钢盖板安装示意图(单位:mm)

4. 其他装修重难点施工

(1)挡烟垂壁安装施工

车站公共区除设置有防火卷帘外,还设有挡烟垂壁,以满足车站消防防火分割的要求。地铁车站内的挡烟垂壁一般设在站厅下站台楼扶梯坑洞周围,以及车站公共区长、短边的中间位置。安装原则为吊顶以上为防火水泥板,吊顶以下为防火玻璃。挡烟垂壁与结构墙体顶板之间的缝隙应采用防火胶及防火泥填补密实,具体安装方法如图 2-53 所示。

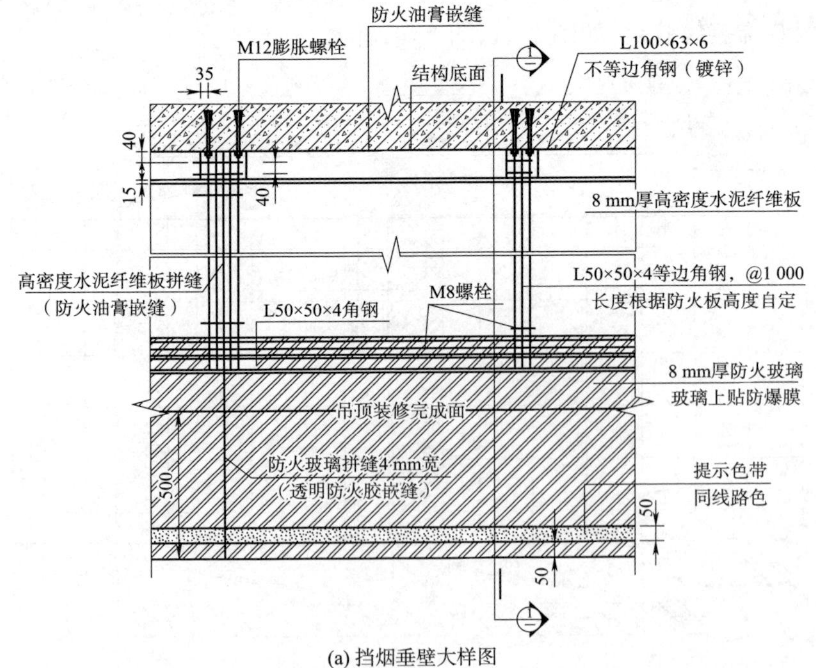

(a) 挡烟垂壁大样图

图 2-53

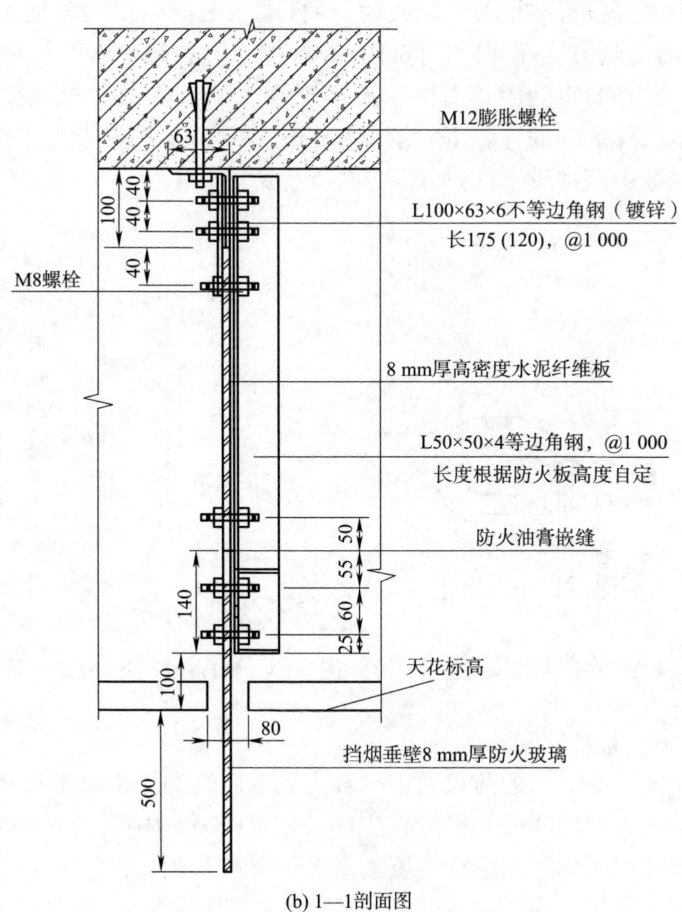

(b) 1—1剖面图

图 2-53　挡烟垂壁安装示意图(单位:mm)

(2)扶手栏杆安装施工

车站公共区装修中的栏杆安装与普通民建的基本要求相同,还要求在栏杆上、下端头设置盲文标识(如图 2-54 所示),方便残疾人使用。同时还要求栏杆位置在设备中轴线时,栏杆端头距离闸机端盖尺寸不小于 80 mm;出站侧闸机,面向非付费区,最右边一台右侧预留 500 mm(付费区侧)维修空间,空间困难车站应不小于 300 mm,在毗邻电扶梯一侧的栏杆与电扶梯之间的缝隙不大于 100 mm,如果因结构问题大于 100 mm 还应在缝隙中部加设立柱,如图 2-55 所示。

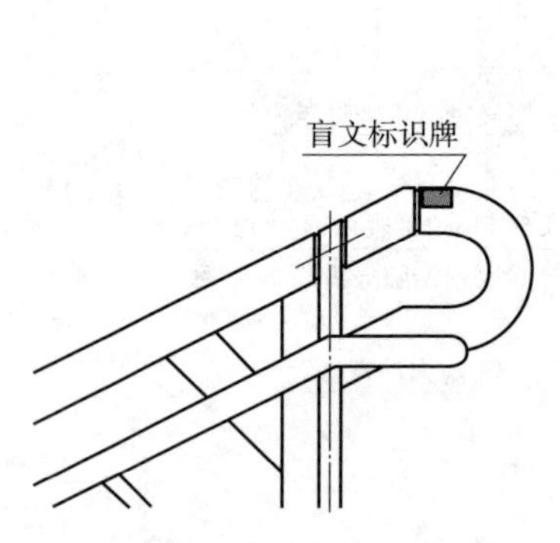

图 2-54　扶手盲人牌位置

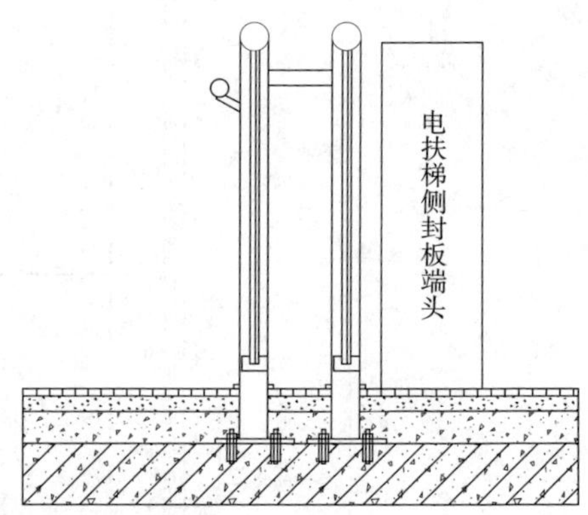

图 2-55　栏杆缝隙过大外加立柱示意图

(3)防火卷帘门安装

西安地铁车站内的防火卷帘一般为双帘双轨的无机纤维复合布防火卷帘。防火卷帘门在安装前应首先明确安装方式为中装还是侧装,在明确安装方式后根据现场结构实测实量进行下料及相关杆件的加工。防火门在安装好滑轨后应用等级不低于 C20 的细石混凝土对滑轨与结构墙柱面间的缝隙进行填补,填补应密实。防火卷帘的防火包箱应进行双面封包,封包防火板与结构墙柱、顶面间的缝隙应采用防火泥和防火胶填补密实,具体做法如图 2-56 所示。

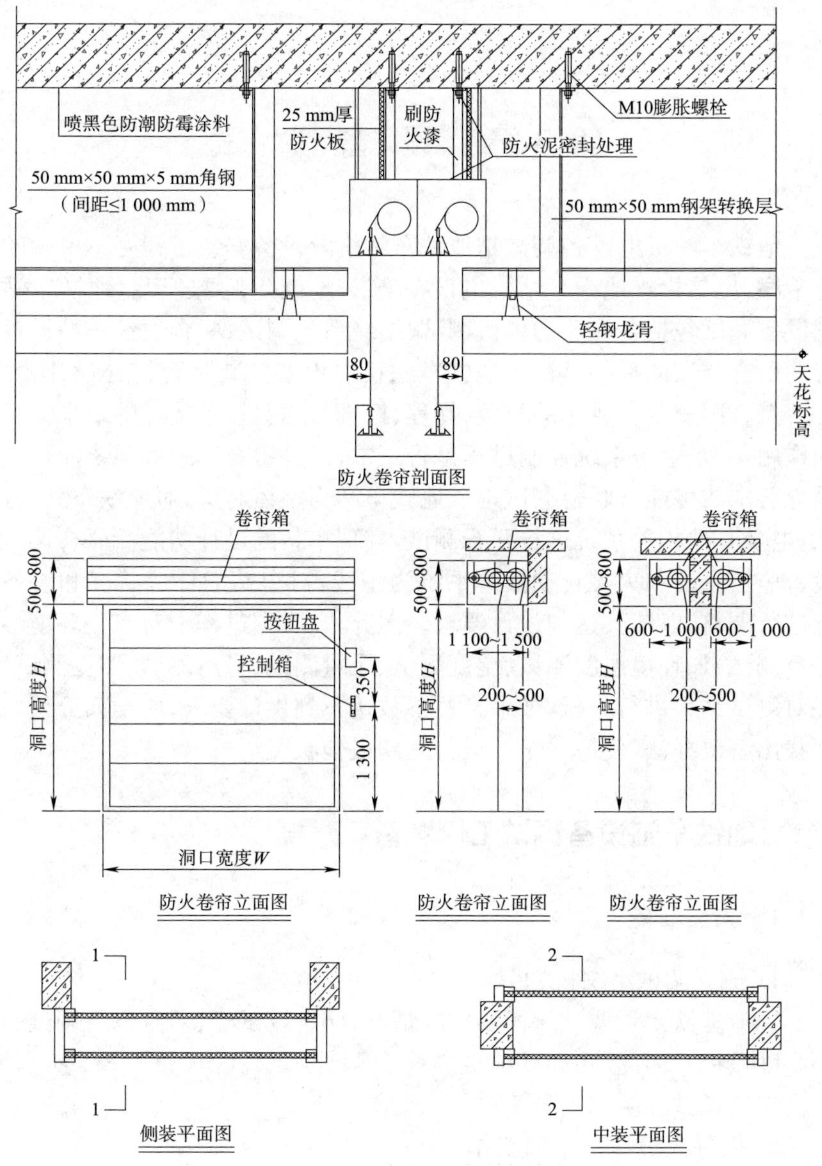

图 2-56　防火卷帘门安装示意图(单位:mm)

第3章　设 备 调 试

地铁车站机电设备调试是地铁车站机电设备安装工程必不可少的关键工序，也是检查地铁车站机电设备安装质量的重要过程。地铁车站机电设备调试包括各专业的单机调试、站级系统调试、配合地铁车站设备联合调试。调试的目的是检查地铁车站机电设备安装是否符合设计要求，是否符合国家及行业相关规范、规程、标准与相关技术文件的要求。调试的作用：一是检查系统控制过程是否正常；二是检查车站各系统能否达到设计要求的可能。联合调试是以地铁车站为整体对象，对地铁车站的风、水、电及其他相关系统进行联合测试，实现车站的设计功能。联合调试以设备监控系统和火灾自动报警系统为主线，对车站的环境状况和设备运行进行调整，以使其达到设计要求。因此，在联调过程中对有关环境参数进行测试，如环境温度测试、湿度测试、风量测试、噪声测试、照度测试等，并对测试结果进行分析，如果某些参数达不到设计要求，应全面分析原因并找出解决办法，使地铁车站运行达到最佳状况。

3.1　地铁车站设备调试工作准备

3.1.1　人员准备

1. 成立调试组织机构

针对地铁工程调试阶段的实际情况，结合调试经验，对设备调试必须要高度重视。因此，在调试前成立一个调试组织机构，如图 3-1 所示，由具有丰富调试经验的人员组成。

2. 做好人员选拔培训工作

此阶段应确定主要参与调试人员。调试负责人确定后，不得随意更改。人员确定后做好相关培训，确保各参调人员熟悉调试流程及安全注

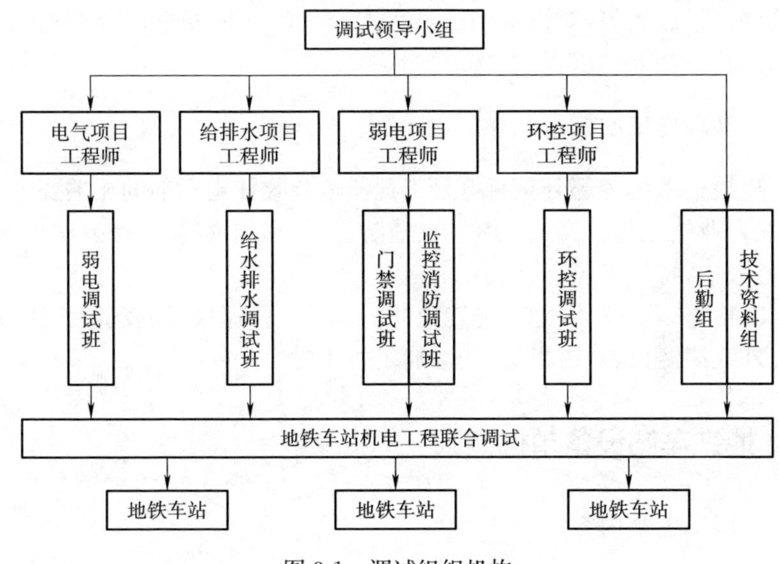

图 3-1　调试组织机构

意事项。各站设立资料管理员，对各项调试记录整理汇编，做到资料整理与工程进度同步进行。

3.1.2　技术准备

（1）各个专业工程师调试前应把各系统的联动关系搞清楚，做好各系统间的联系图、接点、流程图，编制好联合调试方案后方可进行。调试过程必须遵循“五先五后”原则：先单机后联调；先手动后自动；先就地后远方（遥控）；先空载后负载；先点动后联动。

（2）保证环境控制设备性能，调试后完全达到设计要求和符合现行《地下铁道工程施工及验收规范》（GB 50299）等相关国家标准的规定，并通过国家和有关部门的工程验收。

（3）各专业工程师指挥各专业调试班组分别进行单机、单体调试，各系统在各专业的单机调试基础上进行联合调试。设厂家联络员，调试期间邀请厂家代表等有关单位作技术指导。

（4）准备好各种测试记录表格，如通风机性能与通风系统总风量测量、调试记录点表等，对设备调试过程中产生的数据要进行分析和记录，形成有关工程调试资料。

3.1.3 现场施工准备

（1）检查系统各部分是否符合工程质量验收评定标准的相关要求；核查相关专业施工是否完成，如供电、消防、建筑和装饰等；核查调试场地是否清理完毕，特别是风亭、风道。

（2）检查调试仪器（如光电转速计、万用表、风速仪、摇表、倾斜式微压计、红外线测温仪、对讲机等）的性能是否正常。

3.2 地铁车站设备单机调试

3.2.1 调试主要内容

设备单机调试主要内容见表 3-1。

表 3-1 设备单机调试主要内容

序号	调试对象	重点检查、调试项目
1	动力电缆	型号、规格；相相绝缘，相地绝缘，工频耐压（3.5 kV/5 min）；阻燃特性，燃烧特性
2	封闭母线槽	耐压、绝缘、相序
3	低压配电柜	母线、馈线电缆及二次回路的绝缘电阻、耐压试验；低压电器动作情况检查
4	隧道风机	绝缘；启动及运行电流；电机温升；就地、EMCS 正反转控制；软启动；风阀连锁
5	双速风机	绝缘；启动及运行电流；电机温升；就地、EMCS 高低速控制；风阀连锁
6	其他风机	绝缘；启动及运行电流；电机温升；就地、EMCS 控制；风阀连锁
7	空调器	绝缘；启动及运行电流；就地、EMCS 控制
8	组合式空调器	配合供货商调试
9	冷水机组	配合供货商调试
10	电动风阀	开度；限位；就地、环控、EMCS 控制；风机连锁

续上表

序号	调试对象	重点检查、调试项目
11	电动蝶阀	开度;限位;就地、环控、EMCS控制;连锁
12	冷冻(却)水泵	绝缘;启动及运行电流;电机温升;就地、环控、EMCS控制;连锁
13	排污泵	绝缘;启动及运行电流;电机温升;就地、EMCS控制;高、中、低位自控
14	双电源切换	自投、自复;相序、相位一致
15	蓄电池装置	一般检查、绝缘试验、通电操作试验、浮充电装置试验
16	照明	试亮;照度;三相负荷平衡;事故照明
17	弱电设备	设备状态;设备功能;控制方式

3.2.2 电力电缆检测

(1)电缆检测主要是检查电缆通断和绝缘情况,绝缘性能通过测量绝缘电阻加以判断,电缆需测量相对相、相对地绝缘电阻值,并做好记录。

(2)绝缘电阻用1 000 V兆欧表测量。测量时拆除一切对外连线,并用清洁干燥的布擦净电缆头,然后将非测试电缆芯接地,每一相都要测量。测量时应读取1 min的指示值。

(3)电缆的绝缘电阻与电缆长度和测量时的温度有关,测量时要充分考虑这些因素。

3.2.3 主要设备送电调试

1. 0.4 kV开关柜送电调试

0.4 kV开关柜送电调试之前应确保上一级的供电系统施工调试完成,并在供电工班、供电系统承包商、开关柜厂家和监理的见证下对具备送电条件的进行逐一送电,对于不具备条件的抽屉悬挂“禁止合闸”警示标志牌。对于过程中出现的问题及时处理,建立问题销项机制。

2. 通风空调电控柜送电调试

通风空调电控柜送电调试之前应确保上一级0.4 kV配电室的出线电源正常,并在机电工班、环控柜厂家和监理的见证下对具备送电条件的进行逐一送电,对于不具备条件的抽屉悬挂“禁止合闸”警示标志牌。送电操作时，应有专人在设备一端负责验电；送电操作结束后，应在已送电单元的操作开关上挂上标示牌。对于过程中出现的问题及时处理，建立问题销项机制。

3. 末端照明动力配电箱送电调试

末端照明动力配电箱送电调试之前应确保上一级配电柜到本配电箱的电缆压接完成、相序与绝缘均经测试显示状态良好，并在机电工班、配电箱厂家和监理的见证下对具备送电条件的进行逐一送电，对于不具备条件的抽屉悬挂“禁止合闸”警示标志牌。送电操作时，应有专人在设备一端负责验电；送电操作结束后，应在已送电单元的操作开关上挂上标示牌。对于过程中出现的问题及时处理，建立问题销项机制。

4. 风机水泵等设备送电调试

(1)风机送电调试

隧道风机送电前应保证风机安装全部完成，风道安装装修施工基本完成，风道垃圾清理干净，电机绝缘检查合格，润滑油位正常，控制回路动作正常可靠，主供电连接正确、可靠、绝缘合格。在机电工班、风机厂家和监理的见证下对具备送电条件的进行送电，送电成功后逐一调试隧道风机各项功能，查看各项参数是否符合要求。

(2)水泵送电调试

水泵送电前应保证水泵安装全部完成，水泵电源箱及电源线已经安装敷设到位，集水坑中有水且垃圾已清理干净，电机绝缘检查合格，控制回路动作正常可靠，主供电连接正确、可靠、绝缘合格。在机电工班、水泵厂家和监理的见证下对具备送电条件的进行送电，送电成功后逐一调试水泵各项功能，查看各项参数是否符合要求。

3.3　地铁车站设备单系统调试

3.3.1　低压配电系统调试

1. 调试内容

(1)低压配电柜与开关柜之间的测试。

(2)低压配电专业与通风空调专业设备的测试。

(3)低压配电专业与给水排水及消防专业自控设备的测试。

(4)低压配电照明系统正常照明、应急照明、广告照明、疏散指示、导向系统供电的测试。

(5)低压配电专业与机电设备监控专业接口的测试等。

2. 低压配电系统调试工作开展

(1)与机电设备监控系统接口的测试

1)结合地铁车站机电设备监控系统输入、输出点分布一览表，按其监控功能I/O监控点，分为监视信号和控制信号。首先检查低压配电专业硬接口点，对本专业输入、输出点进行模拟测试，I/O监控点的正确性检查和动作试验，采用模拟试验和空载动作试验。

2)由环境控制专业协助，分别对隧道风机、双速风机、新风机、送风机等其他风机、风阀、组合式空调机组、水泵等控制回路(电机等主回路断开)进行试验，发出开、关、控制方式、故障信号。低压配电专业负责对上述接口点检查，确认相应设备控制柜内对应接线端子排的正确性。

3)低压照明配电专业负责照明、蓄电池控制回路(主回路断开)试验、导向系统，分别发出照明开关状态、蓄电池电机、逆变器工作状态、交直流电压正常、蓄电池故障、导向系统开关信号，并核对检查确认相关端子排的信号正确性。

4)由给水排水专业协助，分别对排水泵、排污泵、蝶阀控制回路(电机等主回路断开)进行试验，分别发出泵开、关，主水泵与备水泵故障，手、自动控制方式，水位高、低，蝶阀开关状态、控制方式、故障信号。低压配电专业负责对上述接口点检查，确认相应设备控制柜内对应接线端子排的正确性。

(2)与环境控制专业的接口测试

1)为避免风阀和水管电动蝶阀在关闭的情况下开启电动机，增大对风阀、风管、水管、蝶阀的承载量，风机或水泵在启动前，必须打开相关风阀和水管电动蝶阀。此部分联动主要依靠本专业自控部分来实现。

2)与环控接口的测试主要是部分风阀与风机的联动测试，水系统电动蝶阀与水泵的联动。

3)在进行风机与风阀单体调试、控制回路测试完成的基础上,将风机控制柜上转换开关打在远程环境控制位置,关掉风机控制柜主回路电源(控制回路带电)。在相关风阀关闭状态下,该风机操作启动按钮时,主回路接触器不应吸合。开启该风阀,再次进行上述操作,风机主回路接触器吸合,在此状态下关闭风阀,风机主回路接触器断开。

4)电动蝶阀与水泵联动测试参照上述原理进行。

(3)事故照明装置的测试

1)事故照明装置主要测试在发生事故时,事故电源照明直流电源屏供出的电压、电流、供电时间等参数以及正常供电与事故供电的相互转换,采取模拟方法进行操作。在事故电源照明直流电源屏有关单位的配合下,进行正常供电与事故供电的转换测试,测量其空载情况下的电压和转换时间。

2)断开事故照明装置的正常电源,由事故电源照明直流电源屏供电,每隔 20 min 测其电压、电流。在额定供电时间内,与设备技术参数进行比较,查看其是否满足设计要求。

3)在上项测试操作中,应系统地观察事故照明灯具、导向系统标志、疏散指示灯标志是否与设计吻合。

(4)照明系统的照度测试

1)此项测试主要测量照明灯具的照度是否满足设计要求。

2)测试是在照明系统的回路调试、开关及断路器的整定调试、灯具的亮度调试工作完成后进行的。

3)依据设计图对站内公共区、设备房、区间照度的要求,利用照度计分区进行送电测试,记录所测数据并查看其与设计参数是否吻合。

3.3.2 给排水及消防系统调试

1. 调试内容

给排水及消防系统调试内容包括:水泵、电伴热、水消防、污水处理系统。

2. 给排水及消防系统调试工作开展

(1)水泵调试

1)水泵调试前要将集水坑内的垃圾及淤泥清理干净。

2)调试过程中严格按照设计要求设定水泵的高、中、低水位参数,对照调试点表逐一测试水泵的功能。

(2)水消防调试

水消防系统调试应会同电消防一起进行,模拟测试火灾情况下水泵的控制方式、启停状态、反应时间是否符合设计要求。

3.3.3　通风空调与采暖系统调试

1. 调试内容

通风空调与采暖系统调试内容包括:区间隧道通风系统调试,车站轨道区域排热系统调试,车站公共区通风空调系统兼排烟系统调试,设备管理用房通风空调系统兼排烟系统调试,车站空调冷冻、冷却水系统调试。

2. 通风空调与采暖系统调试工作开展

(1)区间隧道通风系统调试

1)隧道通风系统调试时要确保风道灰尘、垃圾清理干净,风道内严禁进人。

2)隧道通风系统沿途的风机风阀连锁开启正确。

(2)排热系统、通风空调系统兼排烟系统调试

1)站内通风系统调试时,安排专人测试风机的转向以及风向。

2)系统运行时注意查看风管有无变形或漏风,对于变形或漏风处及时处理。

3)测试各风口风速,特别是排烟口的风速,判断是否符合设计及规范要求,对于不满足要求的风口,查找原因并进行调整。

(3)车站空调冷冻、冷却水系统调试

水系统的调试必须围绕设备厂家开展,严格按照水系统的各项功能逐一调试。

3.3.4　环境与设备监控系统调试

1. 调试内容

环境与设备监控系统调试包括:风机风阀、照明、空调水、电伴热、水

泵、传感器、电扶梯、阀门等。

2. 环境与设备监控系统调试工作开展

(1)通风空调专业的设备调试

1)与通风空调专业共同进行点动调试的设备有:隧道风机正反转、双速风机、高(低)速风机、送风机、回排风机、排烟机、轴流风机、轨道风机的开关、风阀、组合式空调、水泵开关。

2)在地铁车站控制室用输入程序方式或手动方式发出风机正转信号,此时风机正转,现场调试人员用钳形电流表测量风机启动电流,用点温计测量电机温升,并做好记录;然后在地铁车站控制室发出停机信号,此时风机停止。反转调试与正转调试方法相同。在环境控制室恢复试验按钮,开启风机的联动风阀,然后在地铁车站控制室重复上述操作,操作风机正反转运行。

3)其他风机、风阀、组合式空调、水泵调试方法同隧道风机。

(2)电梯专业的设备调试

1)与电梯专业共同进行调试的是自动扶梯和升降式电梯,监控室对电梯运行状态进行监视。

2)电梯专业负责扶梯现场调试。当现场具备开电梯条件后,用对讲机通知地铁车站控制室,监控专业在地铁车站控制室准备好后回应现场信号。

3)现场调试人员开动扶梯分别发出开门、关门、上行、下行、左扶手带故障、右扶手带故障、一般故障信号。

4)监控人员在监控室对计算机屏和 PLC 输入信号分别进行一一确认。

(3)照明配电专业的设备调试

1)与照明配电专业共同进行点动调试的设备有照明、EPS。

2)照明专业在检查确认无误后将照明控制箱上的转换开关打在自动状态,即地铁车站控制室状态。监控专业在地铁车站控制室用程序方式或手动方式发出开、关信号,照明专业人员用对讲机及时通报现场照明开关合、分闸情况。

3)照明专业调试蓄电池电源,并向地铁车站控制室发出交流电压正常、直流电压正常、充电机工作状态、逆变器工作状态、蓄电池故障信号，监控专业在监控室负责查验对应信号。

(4)给水排水专业的设备调试

1)与给水排水专业配合进行点动调试的设备为水泵和阀门以及电伴热。

2)在监控室、低压控制室，主水泵和备用水泵现场分别安排调试人员，采用对讲机联系，统一调试主水泵和备用水泵。

3)有关单位专业人员检查现场具备运行条件且无误后，将转换开关置于“自动”位置，用对讲机通知低压控制室、监控室。

4)在高水位时主水泵和备用水泵同时启动，现场人员测试启动电流、启动时间、运行电流，并用对讲机通报泵运转情况。监控人员在监控室查看主水泵和备用水泵的指示与现场是否一致。

5)在中水位时备用水泵停止，现场人员及时用对讲机通报现场情况，监控人员查看计算机屏和PLC控制器信号与现场是否一致。

6)在低水位时主水泵和备用水泵同时停止，现场人员和监控人员用对讲机通报两地的指示情况。

3.3.5 门禁系统调试

1. 调试内容

门禁系统调试包括：磁力锁、读卡器、破玻开关、开门按钮、考勤机等。

2. 调试条件

门禁设备均已安装完成，线路查验无误，电源及网络连接正常。

3. 门禁系统调试

(1)测试磁力锁的吸合，读卡器的刷卡开门，紧急开门按钮和开门按钮的开门功能以及这些功能信号的反馈。

(2)调试的同时在门禁控制箱内标明向内控制板分别控制哪个门。

3.3.6 火灾自动报警及气体灭火系统调试

1. 调试内容

火灾自动报警及气体灭火系统调试包括：探测器、消火栓按钮、手动报警按钮、警铃、电话插孔、气瓶、消防联动等。

2. 调试条件

火灾自动报警及气体灭火系统设备均已安装完成,线路查验无误,电源及网络连接正常。

3. 火灾自动报警及气体灭火系统调试

(1)消防对讲电话试通

开通消防对讲电话主机,逐部试通,使各个区域在调试期间可随时取得联系,直接对话。

(2)探测器报警回路调试

对所有的烟感探测器逐个采用喷烟器进行吹烟试验,观察报警器是否接受到火灾预警信号和火灾确认信号。

(3)手动报警按钮回路调试

对所有手动报警按钮逐个插入电话对讲机,测试其与报警器 LCD 间的联系情况,按下按钮,观察报警器是否收到报警信号,相关的警铃是否打响,最后要注意让报警按钮复位。

(4)感温电缆的功能调试

分别对每段感温电缆采用加热器逐步进行加热,观察报警器的 LCD 面板上有否信号显示,并测量开始发出信号时感温电缆的温度是否符合要求。

(5)防火阀回路的功能调试

报警器发出火灾信号,把信号传输至防火阀接线端上,测试防火阀的动作是否正确,反馈信号是否正确。

(6)气体灭火装置输出信号的调试

联系气体灭火专业的调试人员,通过气体灭火系统控制盘,输出火灾预警信号、火灾确认信号、系统故障信号、气体释放信号、手动/自动状态信号,测试报警器是否接收到信号,LCD 面板是否正确显示。

3.4 地铁车站设备综合联调

联合调试是以地铁车站为整体对象,对地铁车站的风、水、电及其他相关系统进行联合测试,实现地铁车站的设计功能。地铁车站各系统设备众多,联调项目以供电、通信、信号、综合监控、AFC 为五大牵头专业,设 22 个项目,联调任务量大,时间紧,因此在联调前必须做好充分准备。

3.4.1 准备阶段

(1)做好人员选拔培训工作。此阶段应确定主要参与调试人员。调试负责人确定后,不得随意更改。人员确定后做好相关培训,确保各参调人员熟悉调试流程及安全注意事项。

(2)联调开始前设备供货商、系统集成商、施工单位按照合同要求及时提供充足、完好的备品备件、仪器仪表及工器具等供调试使用,及时替换在设备安装和调试过程中损坏的设备,保障联调工作进度。

(3)综合联调启动前,机电设备处、工程处要分别组织设备供货商、系统集成商、施工及监理单位对联调条件逐项进行确认。

(4)联调开始前一周开联调准备会,讨论形成阶段调试计划,审阅调试方案,对调试过程中可能存在的风险、影响、防范措施进行讨论,形成应对措施。

3.4.2 综合联调项目

地铁车站综合联调项目见表 3-2。

表 3-2 地铁车站综合联调项目

序号	系 统	联调项目
1	供电系统	T01-直流牵引系统非正常运行模式供电能力测试
2		T02-弱电设备抗干扰联调
3	通信系统	T11-通信无线集群与信号、车辆联调
4		T12-通信传输系统与关联系统联调
5		T13-通信时钟系统与关联系统联调
6		T14-车辆系统与 PIS 系统正常及灾害工况模式联调
7		T15-综合监控系统与 PA 系统正常及灾害工况模式联调
8		T16-综合监控系统与 CCTV 系统正常及灾害工况模式联调
9		T17-综合监控系统与 PIS 系统正常及灾害工况模式联调

续上表

序号	系　统	联调项目
10	信号系统	T21-信号系统功能综合测试（联锁测试，含出入段）
11		T22-信号系统功能综合测试（ITC 模式）
12		T23-信号系统功能综合测试（CTC 模式）
13		T24-全线列车最大运行能力测试联调（ITC/CTC 模式）
14		T26-信号与车辆、屏蔽门综合联调
15		T27-综合监控系统与信号系统正常及灾害工况模式联调
16	综合监控系统	T31-综合监控系统与屏蔽门系统正常及灾害工况模式联调
17		T32-综合监控系统与 FAS 系统正常及灾害工况模式联调
18		T33-综合监控系统与 BAS 系统（通风空调、给排水、低压照明等）正常及灾害工况模式联调
19		T34-综合监控系统、PSCAD 与供电设备联调
20		T35-综合监控系统与门禁系统调试
21		T36-综合监控系统车站火灾模式、车辆区间火灾及阻塞模式联调
22	AFC 系统	T41-综合监控系统与 AFC 系统正常及灾害工况模式联调

第 4 章　系统承包商及施工注意事项

4.1　通信系统

地铁通信系统主要包括专用通信系统、商用通信系统、公安通信系统、政务通信系统。

专用通信系统应满足地铁正常运营方式和灾害运营方式的通信需求。在正常运营方式时,可为地铁运营管理提供信息;在灾害运营方式时,可为防灾、救援和事故处理的指挥提供保证。专用通信系统包括:传输系统、无线通信系统、公务电话系统、专用电话系统、广播系统、乘客信息系统、视频监控系统、时钟系统、集中维护报警系统、地铁信息管理系统、电源及接地系统、通信光缆/电缆及其他等。

(1)施工范围:公共区、设备区、弱电井、综合监控设备室、专用通信设备室、民用通信设备室、通信设备室、通信电源设备室、公安通信设备室。

(2)进场时间:安装装修进场时,通信系统承包商应同期进场。

(3)车站安装装修施工注意事项:

1)设备区地面垫层浇筑、二次结构墙体砌筑时,通信系统承包商完成管线预埋工作。

2)公共区、设备区安装装修管线综合排布时,通信系统承包商参与,确认其施工管线位置。

3)公共区装修吊顶排版时,通信系统承包商参与,确认设备安装位置。

4)安装装修需提前将通信系统承包商设备用房进行移交。

5)房间移交标准:

①通信设备机房、综合监控设备机房、车控室土建和机电施工已经完

毕，向设备安装施工提交界面；设备机房内穿墙孔洞配合通信施工预留完成。

②门窗安装完成，锁具已安装，可保证室内安全。

③房间内吊顶装修完成，墙面粉刷完成，地面垫层已压光并刷绝缘漆，防静电地板安装标高已确定并明确标识。防静电地板下架空高度不小于 250 mm，待设备固定安装完成后进行防静电地板安装。

④机房内正式配电箱已安装，有符合标准的接地排，接地电阻符合设计要求。

⑤机房内灯具的布置要合理，应安装在设备的前、后方，不得安装在设备的正上方；应设有应急照明灯具。

⑥机房内的空调和风口不得安装在设备的正上方，以免灰尘和冷凝水进入设备。

⑦正线车站各通信机房保证电通后至少提供稳定的一路电源，以便进行设备调试。

4.2 信号系统

地铁信号系统的核心是列车自动控制系统（ATC）。它由计算机联锁子系统（CBI）、列车自动防护子系统（ATP）、列车自动驾驶子系统（ATO）、列车自动监控子系统（ATS）构成。各子系统之间相互渗透，实现地面控制与车上控制相结合、现地控制与中央控制相结合，构成一个以安全设备为基础，集行车指挥、运行调整以及列车驾驶自动化等功能为一体的自动控制系统。

（1）施工范围：轨行区、信号设备室、信号电源设备室、弱电井。

（2）进场时间：安装装修进场时，信号系统承包商应同期联系进场。

（3）车站安装装修施工注意事项：

1）设备区地面垫层浇筑、二次结构墙体砌筑时，信号系统承包商完成管线预埋工作。

2）公共区、设备区安装装修管线综合排布时，信号系统承包商参与，确认其施工管线位置。

3)安装装修需提前将信号系统承包商设备用房进行移交,移交标准同通信用房移交标准。

4.3　自动售检票系统

自动售检票系统(AFC)主要由车票、车站终端设备、车站计算机系统、线路中央计算机系统、清分系统构成,是基于计算机、通信、网络、自动控制等技术,实现轨道交通售票、检票、计费、收费、统计、清分、管理等全过程的自动化系统。

(1)进场时间:安装装修进场时,AFC 系统承包商应同期联系进场。

(2)施工范围:公共区、设备区、AFC 设备室、售票室。

(3)车站安装装修施工注意事项:

1)公共区、设备区地面垫层浇筑时,AFC 系统承包商完成线槽预埋工作。

2)公共区地面装修排版时,AFC 系统承包商参与确定进出站闸机位置、售检票机检修口与预留口数量及位置。

3)公共区墙面装修排版时,AFC 系统承包商参与确定售票机位置。公共区墙面板安装时,预留售票机安装施工空间,待售票机安装完成后装修完成墙面收口。

4.4　供电系统

供电系统电力从地铁主变电所,经变压器电压降为 35 kV,经输电线输送到各地铁车站的牵引变电所和降压变电所。牵引变电所经过降压再经过整流后来牵引电动列车,使电动列车获得电能正常运行。降压变电所将 35 kV 电压降为 400 V,供给地铁车站各类用电设备。

(1)进场时间:区间轨通后进场施工。

(2)施工范围:站厅层、站台层、强电井、35 kV 开关柜室、0.4 kV 低压配电室、整流变压器室、控制室。

(3)车站安装装修施工注意事项:

1)在轨行区进行喷黑作业时,应对接触网的绝缘子底座及绝缘子进行防护。

2)二次结构砌筑时,留出变压器及其他盘柜等设备进入预定位置的运输通道,在设备运输完毕后再进行封堵。

3)安装装修需提前将供电系统承包商设备用房进行移交。

4)房间移交标准:

①墙面已粉刷,地面硬化处理完毕,各设备用房墙面及地面应满足设备预埋及预设等要求;房间应清扫干净,各设备用房工作照明和施工用电电源正常。

②提供电缆夹层和电缆竖井施工面,且地面已硬化,预留孔房间应清扫干净。

③所有预留孔洞位置正确。

④装修时留出变压器及其他盘柜等设备进入预定位置的运输通道,在设备运输完毕后再进行封堵。

⑤装修单位应派专人配合变电设备安装人员做好预埋及预设等工作。

⑥通风空调设备能正常运转,保证房间潮湿度满足设备安装条件。

⑦房间地基承载力满足设计和安装要求。

⑧车站土建单位应预留好设备开孔、电缆井及检修人孔等,人孔内及电缆井设置铁爬梯。

4.5 屏 蔽 门

屏蔽门将站台与列车运行区域隔开,通过控制系统控制其自动开启。屏蔽门能保障乘客进出列车时的安全,降低列车运行所产生的噪声对车站的影响,为乘客营造一个安全、舒适的候车环境,具有节能、安全、环保、美观等功能。

(1)施工范围:站台层公共区、设备区、屏蔽门控制室。

(2)车站安装装修施工注意事项:

1)屏蔽门上盖板安装完成后再进行公共区吊顶收口,吊顶边缘距离上盖板至少 50 mm。

2)屏蔽门上盖板上方 15 cm 以内不得安装管线支架、吊顶龙骨等金属制品。

3)屏蔽门向车站整体 1 m 范围内不得安装消防箱、配电箱等设备。

4)站台石材铺设完成标高不能影响应急门的打开。

5)屏蔽门端门与二次结构墙体连接处需预留 2 cm 的操作空间。

6)屏蔽门控制室移交标准同通信用房移交标准。

4.6 自动扶梯

自动扶梯作为地铁车站内集散乘客的主要运输工具，可以为乘客提供安全、快捷、舒适的乘降环境，改善乘客乘车条件。

(1)进场时间：主体结构完成后进场。

(2)施工范围：站厅站台公共区、出入口。

(3)车站安装装修施工注意事项：

1)扶梯进场前需预留好设备运输通道，扶梯吊钩附近的管线不能影响扶梯吊装。

2)扶梯吊钩附近的装修吊顶及出入口雨棚需等扶梯吊装就位后再进行施工，扶梯梯级水平段至吊顶净空高度必须满足不小于 2.3 m 的要求。

3)出入口侧墙石材完成面不能影响扶梯上下梯头处检修盖板的打开。

4)扶梯安装固定完成后，再进行墙面、地面与扶梯的装修收口。

4.7 垂直电梯

地铁车站需满足无障碍设施设计的相关要求，同时满足大尺寸重行李垂直乘降的需要。

(1)施工范围：垂直电梯井。

(2)车站安装装修施工注意事项：

1)墙面装修排版时,与直梯承包商确认直梯门、操作按钮尺寸及位置。

2)装修专业待直梯门框、门安装完成后,再进行过门石、门套收口。

4.8 导向标识

导向标识引导乘客安全、顺利及迅速地完成乘车,避免乘客滞留引起拥堵。在紧急疏散时,导向标识必须能清晰地引导乘客顺利地离开危险区域及车站。

(1)施工范围:车站外部、站厅站台公共区。

(2)车站安装装修施工注意事项:

1)安装专业提前与系统承包商确认用电设备数量及位置。

2)装修专业在顶面、墙面、地面排版时,与系统承包商确认导向标识安装位置。

4.9 广告灯箱

(1)进场时间:轨行区安装完成后施工,公共区、出入口墙面装修完成后施工。

(2)施工范围:车站范围内轨行区、公共区、出入口。

(3)车站安装装修施工注意事项:

1)安装专业提前与系统承包商确认轨行区广告灯箱安装位置。

2)公共区墙面装修排版时核对广告灯箱位置与尺寸。

4.10 文化景观墙

(1)进场时间:墙面装修完成后进场。

(2)施工范围:公共区、出入口。

(3)车站安装装修施工注意事项:公共区墙面装修排版时核对文化景观墙位置与尺寸。

4.11 人防门

(1)进场时间:安装装修施工前完成门框安装,出入口装修面层施工前完成调试。

(2)施工范围:风道、紧急疏散通道、出入口。

(3)车站安装装修施工注意事项:

1)装修时应注意出入口人防门门槛标高和不锈钢盖板的安装方式。

2)人防门隐蔽装修前,要先完成人防门的安装调试。

第 5 章　地盘主管理

地铁工程是一个系统复杂的工程。地铁要达到运营条件，不仅车站机电设备安装工程和装修工程要优质按期完成，而且还有许多其他的系统承包商进场施工，如供电系统承包商、通信系统承包商、信号系统承包商、自动售检票系统承包商、轨道系统承包商、电扶梯系统承包商、屏蔽门系统承包商等，而地下车站空间相对狭小，工期相对较紧，作业内容多，因此为了确保总工期，就需要做好进入车站施工的各承包商之间及自身内部各专业之间的施工综合协调管理。安装装修总承包应该顾全大局，以地铁工程的总工期为己任，想业主之所想，急业主之所急，在做好自身内部各专业间施工协调的同时加强综合协调管理。

5.1　地盘主管理概念

地盘管理者：指地铁车站设备安装与装修阶段的地盘管理者，为车站机电设备安装及装修工程承包商，是负责对进入地铁车站现场施工的其他承包商进行综合协调、管理的地盘管理责任单位。

其他承包商：指通信、信号、供电、扶梯、电梯、屏蔽门、自动售检票(AFC)、综合监控等系统设备安装单位及供货商。

地盘监理：指车站机电设备安装与装修工程监理。

为实现“统一管理、责任明确、协调共进”的目标，保证各单位在时间、空间上的作业关系顺畅，以确保施工安全为原则，安装装修施工方应与其他承包商签订地盘主管理协议，明确同场施工各方的责任与义务。

5.2　地盘管理者职责

(1)严格遵守业主下发的相关管理办法及规章制度，并按照业主的指令及要求有序开展安装装修工作。

(2)全面负责车站的安全文明施工、总体计划等管理工作，组织协调施工场地、作业面、材料堆放等事项，做好施工现场防火、防盗、防汛，施工临时用电、用水，接口衔接等方面的工作。

(3)负责对各系统设备安装承包商安全管理体系的有效运转进行监督，并有责任警告不遵守安全规则的人员。

(4)负责对进入施工现场的所有人员进行管理。现场施工人员实行挂牌登记制度，进出施工现场的作业人员必须佩戴证明其身份的胸卡，如无相关证明，可拒绝其进入施工场地。地盘管理者应在出入口设置专人进行检查登记。

(5)负责车站区域内环境卫生管理工作，制定相关管理办法及管理制度。

(6)负责对所有进场施工单位的电、气焊等明火作业的统一管理，其他承包商动火作业前须应向地盘管理单位提交经相应单位批准的有效动火令。

(7)负责对整个施工现场进行例行安全检查。地盘管理者有责任将进入施工场地的所有施工单位纳入其正常的安全管理范围之内，按地盘管理者的检查制度检查安全文明施工情况，对发现的问题提出整改要求并监督整改。

(8)负责组织施工区域内各系统设备安装承包商迎接各类安全检查，对检查中提出的问题有权监督责任方整改。

(9)负责划定各系统设备安装承包商的安全管理责任区。地盘管理者应统一规划施工范围内所有地上、地下施工场地，按合同及工程实际需要分配给各承包单位，同时实施总的管理。在各自的施工作业区内，由各单位自行管理。

(10)负责向各系统承包商提供临水、临电接口，并负责临水、临电设施的管理。

(11)按施工合同要求对进场的所有承包商进行协调管理。

(12)负责公共区域清扫、垃圾清运，安全文明施工检查等日常现场管理工作。施工过程中各系统单位要做到工完场清、料清，各系统单位做好所负责区域的公共卫生。

(13)负责车站范围内施工照明的安装、维护及日常管理。

(14)负责对违反相关规定的行为及时上报监理、业主,并按相应规定进行处罚。

5.3 其他系统承包商职责

(1)负责建立健全本系统安全管理体系,保证安全管理体系的有效运转并接受业主、监理及地盘管理者的监督。在进场施工前,须与地盘管理者签订安全文明施工协议、临水临电协议。

(2)负责本系统内的工程进度、安全、质量管理,对各自的文明、安全施工负全责。

(3)对本单位的职工按相关规定进行安全文明生产教育,以增强职工法制观念,提高职工的安全生产意识及自我保护能力。

(4)积极配合、服从地盘监理和地盘管理者的统一协调管理,要服从车站的总体施工进度计划要求。

(5)服从地盘管理者对现场施工场地的规划安排,不准随意占用场地作仓储使用。各系统的施工区域和材料堆放场地要保持整洁干净,并按相关要求进行标识。

(6)负责各自的材料、设备和成品、半成品的保护。

(7)系统设备安装承包商携带物资出门时,应持有地盘管理者签字的出门证。

5.4 其他地盘管理要求

(1)地盘管理者应将下月施工计划提供给有施工要求的其他承包商,以便其编制施工计划,并将该计划提供给地盘管理者。必要时,互提周计划,以便实现合理的交叉作业。

(2)施工现场公共区的防护设施应按照业主要求由地盘管理者统一设置并管理,任何单位不得随意拆改已有防护设施,确需拆改的,须书面报地盘管理者同意后方可实施；工程作业完成后，拆除单位应及时恢复防护设施，并报地盘管理者验收。

(3)各进场承包商在属于自己的范围内作业时，须遵守施工现场“谁作业、谁防护、谁负责”的原则。防护设施必须符合相关安全规定，并定期对危险源进行排查。

(4)施工现场实行挂牌标识制度，作业区、材料堆放区、垃圾存放区、已施工完成的管线等应挂牌标识，明确责任单位、责任人。各进场施工单位还应在其施工机械、工作服、安全帽明显位置标明其单位名称。

(5)地下作业现场内严禁存放易燃、易爆危险物品，未经地盘管理者许可，不得使用任何易燃、易爆物品。在封闭环境中作业，要注意采取有效个体防护措施。

(6)施工中一旦发生紧急情况及各类事故时，不论原因在哪一方，都应互相协助，及时救助伤员，排除险情，保护事故现场，并按相关程序进行报告。

第 6 章　BIM 在地铁安装装修中的应用

地铁工程是公共建筑领域比较复杂的工程，而安装工程又是地铁工程中最复杂的一步。地铁安装工程内容中不仅包括一般民用建筑中的通风空调、消防、建筑电气，而且涵盖铁路系统中通信、信号、综合监控、安全门、自动控制、电扶梯等各类专业系统。一个地铁站有十几个专业系统，上百种仪器设备，这些设备绝大部分都要隐藏到地铁吊顶以上 1～2 m 的空间里，地铁整个安装系统的复杂程度可想而知。凡是经历过地铁安装施工的工程师们都很清楚，地铁安装工程中最经常碰到的问题就是管线的碰撞，而且越是管线碰撞的地方，空间越是狭小。要想解决管线碰撞问题，只能更改路径，势必造成返工现象，这样不仅造成成本的增加，也会造成进度的滞后，有时候会影响系统功能的质量。随着信息技术的发展，电脑三维模拟技术的出现给我们提供了一条验证图纸的途径，那就是 BIM 技术。

BIM，即建筑信息模型(Building Information Modeling)，是以建筑工程项目的各项相关信息数据作为模型的基础，进行建筑模型的建立。它具有可视化、协调性、模拟性、优化性和可出图性五大特点。通俗一点讲，就是利用三维建模技术把整个工程的三维数字模型建造出来，制作出一个只存在于电脑里面的数字工程模型，然后通过向这个模型中添加工程的所有相关信息，形成一个工程信息数据库。设计方可以利用 BIM 数据库实时发布变更，验证设计效果，避免设计方案冲突。施工方可以利用其三维数字模型加上计算机软件的数字处理，进行工程量统计、造价预算、管线碰撞检测等。建设方可以通过对数据库的更新和获取，实现信息化变更发布、投资预算等。运营维护人员可以通过对数据库的更新和获取，实现设备、管道、线路的信息查询和运营维护信息的记录。由于三维数字模型的可视化，即所见即所得的良好界面，可以真实反映一个工程的实际情况，从而使工程的相关方都能利用。

6.1　BIM 实施思路和流程

(1)成立 BIM 应用小组。

（2）BIM 软件的选择。常用的 BIM 技术相关软件有 Revit、magiCAD、Navisworks、Fuzor、Lumion 等。

（3）建模的依据和标准：

1）建模依据包括：

①通过建设单位或设计单位提供的通过审核的有效图纸、设计交底及技术要求，为数据来源进行建模。

②以国家规范和标准图集为基础进行建模。

③根据设计变更为数据来源进行模型更新。

2）建模原则和标准如下：

①BIM 建模基本原则要求：建立的 BIM 模型真实、完整地反映设计意图，满足精细度要求（建筑结构精度在 LOD100 以上，机电精度在 LOD300 以上）。模型可直接交付到施工阶段，所有构件的类型必须和实际构件属性保持一致，支持基于 BIM 和 4D 技术的施工管理。

②如果硬件配置不太理想，就需要对模型进行进一步的拆分，以确保运行性能。拆分的原则可按专业、按系统、按施工区段、按楼层，另外确保最后各拆分版块方便拼接。

③建模的内容包括结构专业（不含配筋）、建筑专业（含精装修模型）、机电专业、轨行区。

④建模参数的设置：

a. 项目长度的单位为毫米，标高的单位为米。

b. 结构、建筑、机电和轨行区必须采用同一个轴网，保证模型整合时能够对齐、对正。

c. 结构、建筑、机电和轨行区使用自己对应的相对标高，为所有 BIM 数据定义通用坐标系。

⑤模型文件、族命名：

a. 专业名称缩写：

结构：STRU；建筑：ARCH；机电暖通：MECH；给排水：PLUM；电气：ELEC；室内：INTE。

b. 模型文件命名原则：

建筑文件名称：项目名称-建筑；结构文件名称：项目名称-结构；机电文件名称：项目名称-机电-暖通/给排水/电气。

c. 族命名：专业-中文名-尺寸。

（4）结合工程进行建筑结构和设备建模。运用 BIM 软件，根据二维建筑结构和机电施工图纸，建立三维的建筑、装修和管线模型。

(5)现场结构复测。组织人员根据结构图纸进行现场实际复测，根据复测结果修改建筑结构模型。

(6)三维碰撞检查。通过 BIM 软件中的碰撞检测功能进行模型的碰撞检测，并出具碰撞检测报告，根据报告逐一检查及排除碰撞点位。

(7)指导施工。根据调整后的模型，在施工前进行技术交底。

BIM 整个开展流程如图 6-1 所示。

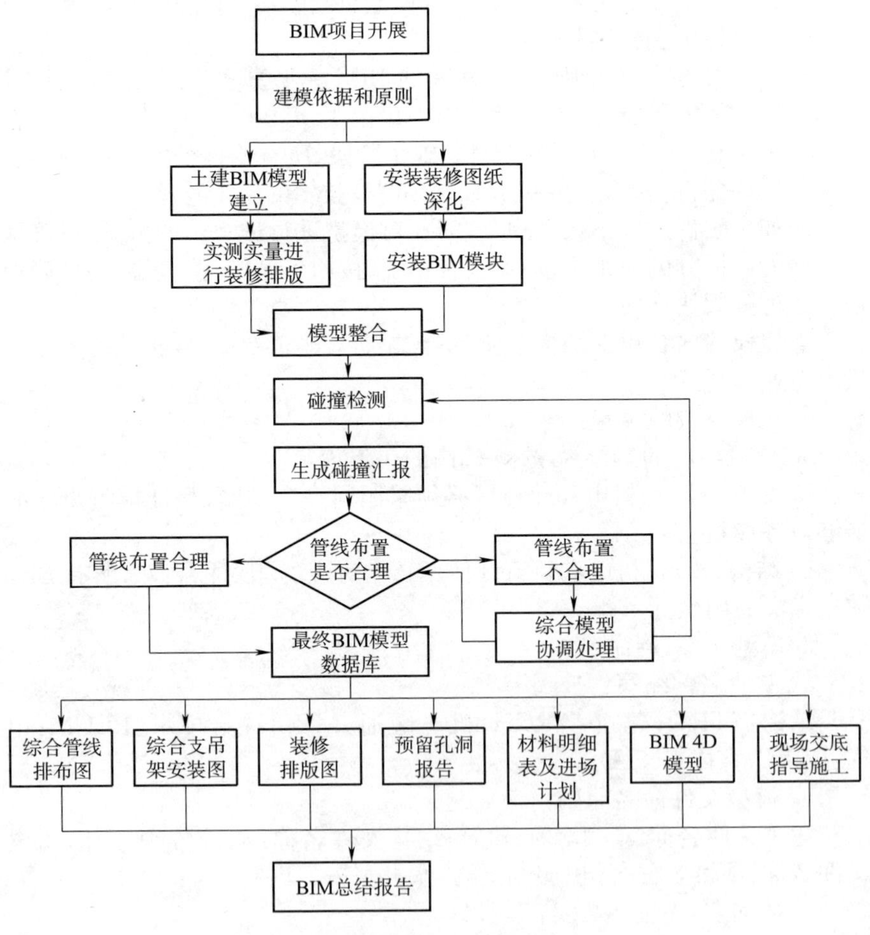

图 6-1　BIM 实施流程图

6.2　构建车站建筑装修模型

地铁车站专业繁多，涉及二次结构、车站装修、暖通、给排水及消防、低压配电与照明、BAS、FAS、门禁等。针对多专业协同较为困难的问题，宜建立能够为多专业共享的坐标轴网及标高体系，据此建立车站建筑模型，以便于各专业的模型能够完美融合在一个BIM模型里面，从而为多专业协调整合打下基础。

地铁车站装修工艺繁多，造型复杂，风格各异，质量要求高，针对这些困难，在二次结构完成后对施工现场进行实测实量并记录数据，利用这些数据分析结构尺寸的偏差，并据此建立车站地面、墙面、柱面和天花模型，导出装修排版图（墙砖、地砖、天花板的排布图）和细部节点图以指导现场施工。对于比较复杂的装修节点，利用BIM软件进行安装模拟，明确工序、工序间接口、管理重点等，对工人进行四维动态模拟交底，并将设备材料到货需求等信息反馈物资部，合理安排装修材料的排产及进场。

在施工中，采用BIM技术对装修项目进行虚拟施工（虚拟施工就是先试后建），对项目施工方案进行模拟、分析和优化，从而发现施工中可能出现的问题，在施工前就采取预防措施，直至获得最佳的施工方案，尽最大可能实现"零碰撞、零冲突、零返工"，从而大大降低返工成本，减少资源浪费与冲突及安全问题，指导真实的施工。

利用BIM软件可以实现建筑工业化，建筑工业化是工厂预制和现场施工相结合的建造方式，这将是未来建筑产业发展的方向。建筑中的许多构件（例如门窗、预制混凝土和钢结构等构件）可以异地加工，然后运到建筑施工现场，再装配到建筑中。通过数字化加工，可以准确完成建筑物构件的预制，这些通过工厂精密机械技术制造出来的构件不仅降低了建造误差，并且大幅度提高了构件制造的生产率。这样一种综合项目交付方式可以大幅度降低建造成本，提高施工质量，缩短项目周期，同时减少资源浪费，并体现出先进的施工管理理念。

6.3 构建机电安装模型

地铁车站机电安装涉及给排水、低压配电、通风空调、弱电等多个专业，加之空间狭小，因此管线错综复杂，施工过程中容易碰撞导致返工、窝工以及材料浪费，亦或管线距离过小导致后期检修不便。针对这些问题，利用 Revit 建模软件建立综合管线模型，利用 Revit 的协同整合软件 Navisworks对综合管线模型进行碰撞检查，形成检查报告，并对产生碰撞的地方进行调整，直至满足设计及规范要求。管线综合流程图如图 6-2 所示。

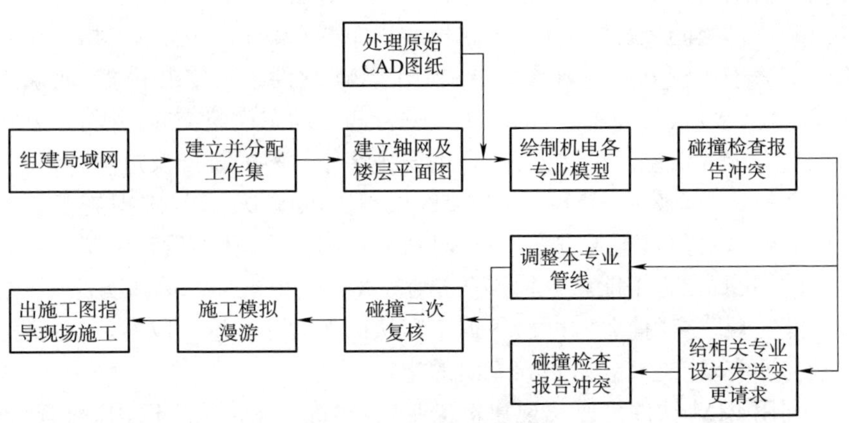

图 6-2 管线综合流程图

(1)管线综合前，应明确管线综合的一般规范和原则。对审核通过的机电专业深化设计图，依据 BIM 建模软件进行各专业管线综合设计。对综合完成的 BIM 模型进行碰撞检测以及查漏补缺工作，调整完成后进行报审，并对业主、设计院等提出的反馈意见进行及时修正，直至报审通过。综合管线布置原则见表 6-1，一般重点难点部位的解决办法见表 6-2。

表 6-1　综合管线布置原则

序号	原　则	详细说明
1	满足深化设计施工规范	机电管线综合不能违背各专业系统设计原意，保证各系统使用功能。同时应该满足业主对建筑空间的要求，满足建筑本身的使用功能要求。对于特殊建筑形式或特殊结构形式（如屋面钢结构桁架区域），还应该与专业设计沟通，对双方专业的特殊要求进行协调，保证双方的使用功能不受影响
2	合理利用空间	机电管线的布置应该在满足使用功能、路径合理、方便施工的原则下尽可能集中布置，系统主管线集中布置在公共区域（如走廊等）
3	满足施工和维护空间需求	充分考虑系统调试、检测和维修的要求，合理确定各种设备、管线、阀门及开关等的位置和距离，避免软碰撞
4	满足装饰需求	机电综合管线布置应充分考虑机电系统安装后能满足各区域的净空要求，无吊顶区域管线排布整齐、合理、美观
5	保证结构安全	机电管线需要穿梁、穿一次结构墙体时，需与结构设计师充分沟通，保障结构绝对安全

表 6-2　一般重点难点部位的解决办法

序号	部位（系统）	重点及难点	解决办法
1	管线密集的吊顶区域管线综合（如走廊区域等）	（1）管线合理综合布置； （2）无压管道（如冷凝水、卫生排水管等）合理布置及坡度要求； （3）灯具和设备支吊架位置； （4）检修口设置； （5）机电管线安装净空须满足吊顶高度控制要求	（1）根据管线综合的原则，借助 BIM 的可视化效果，合理布置各专业管线； （2）优化无压管道的走向，积极与装修专业沟通，有压管道避让无压管道； （3）在 BIM 模型中合理设置设备灯具的支吊架，解决与其他管线的碰撞问题； （4）合理设置检修口，管线避让，在满足检修口设备维修需要的前提下尽量满足装修要求； （5）合理布置机电管线，在 BIM 模型中模拟吊顶位置，如不满足条件，与设计协调部分管线穿梁或移至其他区域布置等，满足吊顶标高控制要求

续上表

序号	部位(系统)	重点及难点	解决办法
2	管线密集的非吊顶区域管线综合(如泵房管线密集处)	(1)管线合理综合布置; (2)观感要求; (3)非吊顶区域净高控制要求	(1)根据管线综合的原则,借助BIM的可视化效果,合理布置各专业管线; (2)设置综合支吊架,各专业管线集中布置,在BIM模型中验证观感效果; (3)与设计沟通,通过校核计算合理设置膨胀节、固定支架等; (4)合理布置机电管线,如不满足条件,与设计协调部分管线修改路径,满足净高控制要求
3	设备机房(如空调机房)	(1)设备、管线综合布置; (2)维修空间预留; (3)设备运输路线规划; (4)观感要求	(1)向生产厂家了解各设备的维修所需空间位置及尺寸; (2)绘制设备运输路线图,提出建筑、结构等专业配合要求; (3)绘制三维效果展示图及安装大样图,各专业管线进行统一规划
4	管井	(1)空间狭小管线密集; (2)设备、管线综合布置; (3)支架设置; (4)维修空间预留	(1)通过BIM设计建模,优化设备安装位置,确定施工次序; (2)合理布置; (3)在BIM模型中设置管道支吊架,验证合理性,并对管井检修空间进行三维模拟验证
5	共同区域	管线综合布置共同注意事项	(1)要注意建筑标高及结构标高间的差别,不同区域标高的差别,混凝土结构梁的厚度,柱子大小,钢梁大小,是否有斜支撑等; (2)要注意保温层的厚度;管线、梁、壁等相互间的安装要求;还应考虑管道的坡度要求等。不同专业管线间距离尽量满足施工规范要求; (3)管线布置时,整个管线的布置过程中考虑到以后灯具、烟感探头、喷洒头等的安装空间,电气桥架放线的操作空间及以后设备阀门等维修空间,电缆布置的弯曲半径的要求等

(2)综合管线设计及模型的作用:

1)检查空间是否满足要求(安装、维修、规范、安全)。

2)明确各专业管线的布置要求(定位、相关的关系),确定施工顺序。

3)利用可视化特点进行管线协调(交底)。

4)复核土建结构预留孔洞的位置及尺寸,及时调整深化设计管线走向。随项目施工进度,配合确定二次结构和预留预埋孔洞位置;对现场预留预埋工作中产生的误差要及时进行管线调整,并反映在施工图与BIM模型中。

5)与精装修配合中的应用:满足装修对吊顶高度、形式及吊顶上的器具点位综合布置要求。

6)综合支吊架的设计与应用:根据BIM综合管线模型进行综合支吊架的设计,在满足各专业规范、现场施工要求的基础上,力求做到简洁美观。

6.4　BIM在成本方面的应用

BIM技术在处理实际工程成本核算中有着巨大的优势。建立BIM的5D施工资源信息模型(3D实体、时间、工序)关系数据库,让实际成本数据及时进入5D关系数据库,成本汇总、统计、拆分对应瞬间可得。建立实际成本BIM模型,周期性(月、季)按时调整维护好该模型,统计分析工作就很轻松,软件强大的统计分析能力可轻松满足各种成本分析需求。基于BIM的实际成本核算方法,较传统方法具有极大优势,具体体现在以下方面:

(1)快速。由于建立基于BIM的5D实际成本数据库,汇总分析能力大大加强,速度快,短周期成本分析不再困难,工作量小、效率高。

(2)准确。成本数据动态维护,准确性大为提高,通过总量统计的方法,消除累积误差,成本数据随进度进展准确度越来越高。另外,通过实际成本BIM模型很容易检查出哪些项目还没有实际成本数据,监督各成本实时盘点,提供实际数据。

(3)分析能力强。可以多维度(时间、空间、WBS)汇总分析更多种类、更多统计分析条件的成本报表。

车站安装装修模型建立完成后，根据地铁项目的特点，对模型进行基础数据维护，对主要材料添加成本和单位消耗量，将清单对应的施工内容对应到模型上，并定义相应的施工造价，那么在验工时只要选择相应的模型就可以知道目前施工造价以及材料消耗，同时也可以通过这些数据实现项目成本精确自核。

6.5 BIM 在进度管理上的应用

项目部根据土建移交节点通车时间，在考虑各方影响的前提下排出各施工节点的进度计划，利用 Navisworks 软件进行动态模拟，通过模拟优化施工工序，特别是交叉作业的施工工序，进而形成最终的施工倒排计划，并利用 Navisworks 软件对施工进度进行动态管理。

(1)根据实际需要建立进度模拟模型

使用 Revit 进行体量建模，输入进度计划参数进行模型与进度的匹配。

(2)编制总进度计划工作表

编制总进度计划工作表时，应考虑 4D、5D 施工模拟的要求，选择以工作位置、专业为区分的 WBS 工作分解结构模板，批量设置相关匹配信息。选择以工作位置、专业为区分的 WBS 模板是考虑到施工模拟需要以三维模型、三维体量进行进度计划展示，因此需要很好地界定三维模型，否则会造成视觉上的混乱，影响进度计划的表达。建议进度计划中包括并不限于以下信息：进度信息与模型匹配的信息、模型中不同专业的信息、用于模型筛分的信息。

(3)工程量估算

工程量估算有多种方式，大致分为两种：导出数据信息进行估算、导入专业算量软件进行计算。

第一种以 Revit、Excel、MS Project 的协同工作为主，导出 Revit 数据至 Excel 表格进行估算，再将数据输入进度计划软件中。

第二种以 Revit、国内造价软件(广联达、鲁班、斯维尔等)、Project 的协同工作为主，将 Revit 模型导入国内造价软件进行算量，再将数据输入进度计划软件中。

(4)工作持续时间估算

在工程量估算的基础上，分配劳动力与机械，依据工程量与施工企业定额估算工作的持续时间。估算方式是导入工程量数据，在进度计划软件中进行估算。将工程量估算中两种方式计算出的工程量数据导入进度计划软件中，设置施工定额，进度软件自动计算工作持续时间。

(5)模型与进度计划进行匹配

模型与进度计划进行匹配时，可灵活采取匹配方式。匹配方式主要有两种：手动匹配和规则自动匹配。

手动匹配时，是在 Navisworks 中选择模型，与相对应的进度计划项进行匹配。筛选出模型的方式多种多样，因此手动匹配方法多种多样。手动匹配的优势在于灵活、方便、操作简单。

按规则进行自动匹配主要是依据模型的参数特点按照一定的规则对应到进度计划项上。自动匹配快捷方便，能在一定程度上降低匹配工作量，但缺点是不够灵活，流程繁琐，匹配错了难以修改。

(6)进度优化及核查

进度优化主要还是依靠原有的优化工具进行，在高层建筑的进度优化上，可使用 Navisworks 等软件制作施工进度模拟，通过动画的方式表现进度安排情况，直观检查不合理安排。

(7)进度总控计划交底

计划交底采取施工模拟与工作计划表相结合的方式进行，需要调整的部分在会议上进行讨论、记录，进度管理实施小组各组员达成一致意见后，修改总进度计划及施工模拟。

施工进度模拟在交底中的作用也非常显著，在进度协调会中总是会临时检查进度计划表的各项关系，这些查找与对应的时间是导致效率低下的重要原因。在进度协调时利用清晰直观的动画进行展示，不仅减少了各方的理解歧义，也会很快理解工作面交接，以便达成共识。

(8)编制阶段进度计划

计划管理小组将一级总进度计划分解细化形成阶段计划的过程中，应对复杂情况的施工区域额外进行细度更高的施工模拟，提前核查可能发生的情况。阶段性计划可以从总控计划中抽取出来，细化成分段更细的施工进度部署，其编制方法与编制总控计划的施工进度模拟相同。

(9)施工进度模拟

1)根据总体工期及关键工期的节点要求，利用 BIM 软件进行施工工程进度模拟，明确人、机、料的过程需求曲线。

2)利用 BIM 软件对现场进料、出料及工人进场、离场等信息进行录入和管理，并及时与 BIM 模型数据做比对和各相关方提交结果。

(10)施工工序模拟

1)利用 BIM 软件，根据工期节点管线施工、设备安装的实际要求，进行施工工程的工序模拟。

2)对复杂部位进行安装模拟，明确工序、工序间接口管理重点、设备材料到货需求等信息。

3)最终编制施工组织设计方案，并直观指导工人班级进行施工。

(11)大型设备到场运输虚拟仿真

1)根据大型设备到货需求的时间点，通过 BIM 软件进行全路径模拟、墙体预留、障碍物预估，确定吊装运输路径。

2)最终连同设备供应商一道确定吊装运输方案。

6.6 BIM 在安全生产上的应用

地铁属于地下工程，光线不足，并且临边洞口较多，为保证临边作业人员的安全，临边洞口防护和日常巡查就显得格外重要。为了便于过程中的安全管理和提高安全管理的有效性，利用 Revit 软件对站台站厅层的临边洞口进行编号，建立洞口防护模型，并生成临边洞口明细表，以供安质部门对各个临边洞口进行逐一防护和日常巡检。质量安全管理模型内容见表 6-3。

表 6-3　质量安全管理模型内容

模型名称	模型内容	模型信息	备　注
洞口防护模型、临边防护模型	基坑临边防护、楼层周边防护、楼梯临边防护、楼梯洞口防护、后浇带防护、电梯入口防护、电梯洞口防护	几何尺寸、材质、产品信息、空间位置	面向洞口防护、临边防护布置
楼层平面防护模型	基坑临边防护、楼梯临边防护、楼梯洞口防护、电梯井水平防护	几何尺寸、材质、产品信息、空间位置	面向楼层平面防护布置
垂直防护模型	水平安全网、外挑防护网	几何尺寸、材质、产品信息、空间位置	面向垂直防护布置
安全通道平面布置模型	上下基坑通道、施工安全通道、外架斜道	几何尺寸、材质、产品信息、空间位置	面向安全通道平面布置
脚手架防护模型	脚手架、脚手板、扣件、剪刀撑、扫地杆、密目网	几何尺寸、材质、产品信息、空间位置	面向脚手架布置
施工机械安全管理模型	施工电梯、起重设备、中小型机械、塔吊	几何尺寸、材质、产品信息、空间位置	面向施工机械安全管理
临时用电安全模型	配电室	几何尺寸、材质、产品信息、空间位置	面向临时用电安全管理
消防疏散分区模型	消防疏散分区	几何尺寸、材质、产品信息、空间位置	面向消防疏散分区管理
CI 管理模型	施工现场大门、施工现场标语、活动房 CI	几何尺寸、材质、产品信息、空间位置	面向 CI 管理

第7章 绿色施工

在地铁工程施工中，贯彻“以资源的高效利用为核心，以环保优先为原则”的指导思想，追求高效、低耗、环保，统筹兼顾，实现经济、社会、环保(生态)综合效益最大化的绿色施工模式。在保证质量、安全等基本要求的前提下，通过科学管理和技术进步，采取有效措施最大限度地节约资源，减少对环境的负面影响，实现“四节一环保”(节能、节地、节水、节材和环境保护)的目标。

7.1 绿色施工原则

(1)通过优良的设计和管理，优化生产工艺，采用适用技术、材料和产品。

(2)合理利用和优化资源配置，改变消费方式，减少对资源的占有和消耗。

(3)因地制宜，最大限度地利用本地材料与资源。

(4)最大限度地提高资源的利用效率，积极促进资源的综合循环利用。

(5)尽可能使用可再生的、清洁的资源和能源。

7.2 绿色施工目标

(1)环境保护：噪声排放达标，符合现行《建筑施工场界环境噪声排放标准》的规定；污水排放达标，生产及生活污水经沉淀后排放，达到现行《污水综合排放标准》的规定；控制粉尘排放，对施工现场道路进行硬化处理，达到现场目测无扬尘；达到 ISO 14001 环保认证的要求；达到“零污染”要求的目标。

(2)节材与材料资源利用:合理安排材料进场计划,降低材料损耗率,积极推广应用“四新”计划。

(3)节水与水资源利用:充分利用现场各种水资源。

(4)节能与能源利用:严禁使用已淘汰的施工设备、机具和产品;公共区域内照明采用LED灯带,以节约能源。

(5)节地与施工用地保护:减少使用黏土砖;平面布置尽量减少临时用地面积,充分利用原有建筑物、道路等。

7.3 绿色施工措施

7.3.1 环境保护措施

(1)在防水、装修、防腐施工中,使用有毒有害物质时,如油漆、稀料、各种胶等,设置专门地点储存,要有密封防泄露措施。尽量减少挥发,严禁遗洒。

(2)禁止在施工现场焚烧油毡、橡胶、塑料、皮革、各种包装物等废弃物品,以及其他可能产生有毒、有害烟尘和恶臭气体的物质。

(3)油漆、涂料等按计划用量随用随开启,不使用时及时封闭,避免有害物质的滞留。

7.3.2 节材措施

(1)走廊安装管线采用综合支吊架系统,避免各安装专业支架密集浪费材料。

(2)模板涂刷脱模剂。拆模时,严禁硬撬,减少人为损坏,增加模板周转次数。废旧模板整修后用作临边洞口的盖板、柱子与楼梯踏步的护角。

(3)施工前对管线进行综合平衡设计,优化管线路径。

(4)公共区地面石材、墙面板材、吊顶等施工前进行排版策划,在保证质量和美观的前提下,最大限度地减少边角废料。

(5)现场办公室用房采用箱式活动彩板房,提高周转利用率。

(6)利用信息网络建立微信群、QQ 群以及安全质量管理软件系统，减少纸质化办公。

7.3.3 节地措施

(1)安装装修主要在地下施工，施工用地紧张，一般不设施工现场生活区。

(2)因地铁安装装修施工场地狭小，应根据施工进度提前做好材料计划，合理安排材料的采购、进场时间和批次，减少库存，材料堆放整齐，一次到位，减少二次搬运。

7.3.4 节水措施

施工现场主要用水为二次结构施工用水、管道试压用水等，施工过程中视具体条件，尽可能利用土建结构施工设置的降水井。

7.3.5 节能措施

(1)合理选择施工机械设备，杜绝使用不符合节能、环保要求的设备、机具和产品，选择的设备功率与负载相匹配。

(2)加强施工机械管理，做好设备维修保养及计量工作。

(3)减少使用黏土砖。

(4)因地下施工采光效果不好，公共区宜采用 LED 灯带照明并安装时间断电器，定时关闭工作照明，节能降耗。

第8章　安全质量标准化

8.1　地铁车站施工安全标准化

8.1.1　建立安全管理机构

项目管理中，最重要的是安全管理。在项目施工伊始，就必须成立安全管理组织机构，明确分工，责任到人。建立、完善以项目经理为首的安全生产、文明施工领导组织架构，有组织、有计划地开展管理活动，全面负责工程的安全生产、文明施工。根据“管生产必须管安全”的原则，项目经理是安全生产第一责任人，质安总监领导质安部负责监督落实安全生产、文明施工的各项工作。

8.1.2　建立安全管理制度

(1)岗位责任制度

根据施工现场特点和分区情况，对施工现场、生活设施区、加工场区、办公区分别落实文明、卫生、安全防火责任人，明确责任人的岗位职责。建立各级人员安全生产、文明施工岗位责任制度，明确各级人员的责任。组织工人学习操作规程和安全知识，参加安全检查，专职安全员坚持每天巡查现场，对发现的隐患及时通报，消除事故隐患，确保安全生产。

(2)会议制度

坚持安全生产、文明施工会议制度，定期分析安全生产、文明施工现状，针对实际制定措施，解决安全生产、文明施工中存在的问题。

(3)安全审批制度

施工过程中，需要动火(烧焊)、拆除安全防护、进入轨行区、高空作业等作业，需由各主管工程师、施工员提出意见，经各分部安全生产责任人审批。

(4)进场工人安全教育制度

进入施工现场所有员工必须要进行安全学习。安全教育工作主要有:方针政策教育、劳动纪律教育、安全知识教育、安全技能教育、事故教育、法制教育、三级安全教育、安全教育合格证及经常性的安全教育等,着重对地铁工程的洞口、临边防护、高空作业等方面的安全防护意识的灌输。

(5)安全技术交底制度

各专业项目施工前,对作业工人进行安全技术交底时,必须要有针对性,本专业安全注意事项要详细说明,交底完成后要每人签名归档。

8.1.3　建立完善的防护措施

(1)临边洞口安全措施

根据近十多来年的地铁装修与安装工程的安全事故统计,大部分为高处坠落,坠落点以临边、洞口及安装脚手架为主,因此洞口及脚手架的安全防护是地铁装修与安装工程的重中之重。施工单位必须加强安全管理,并加大安全措施费用的投入,做好安全防护,为施工作业人员提供一个安全、良好的施工环境。

施工过程中,若需要拆除洞口盖板或防护栏杆进行作业,必须经专业工程师向安全生产负责人提出申请,经批准并做好相关的安全措施后,在安全员监督下方可拆除。如洞口四周要砌筑墙体,洞口下方设安全防护区,洞口设安全防护网;若洞口内墙抹灰或风管道安装,洞口内必须搭设安全脚手架,脚手架经专业工程师及安全员验收合格后才能作业。

(2)防坠落措施

地铁工程施工面积大,预留的设备吊装孔、井多,发生高处坠落可能性大,因此施工前制定周密的防护措施,防患于未然是十分必要的。

1)从事高处作业的人员要定期体检,凡患高(低)血压、心脏病、贫血病、癫痫病及其他不适于高处作业疾病的人员,不得从事高处作业。

2)做好施工现场的“三宝”“四口”“五临边”防护,凡楼梯口、扶梯口、盾构井口、预留设备吊装洞口、地下层入口应设牢固严密的防护门(栏)、防护盖板;陡坡应设牢固的临边防护;高处作业一律佩戴安全带。

3)施工现场高处作业审批制度:由各分部项目主管工程师、施工员提出意见,经各分部安全生产责任人审批。

(3)防高空落物伤人

协调好各工种施工,避免交叉作业。出现交叉作业时,上、下层施工班组要协商好施工位置,上层施工班组要负责做好高空落物下方遮盖工作。上层施工班组零星碎料要堆放好,工具要入工具袋,工具有套手索,防止甩出伤人。下层施工班组、施工人员要提防上方落物伤人,在有遮盖位置作业,必须戴好安全帽,并提醒上层作业人员做好防落物工作。

(4)安全文明施工管理

1)照明要充足:针对站内空气潮湿、施工用电容易跳闸的特点,施工照明的总开关箱要与施工用电分开,并沿通道或走廊安装应急照明灯。

2)工序要合理:针对地铁工程交叉作业多、相互影响大的特点,可错时安排作业时间。如一些天花喷黑漆项目,尽量安排在晚上进行,以免影响站内作业人员吸入粉尘与浊气。

3)工完场地清:每个作业班组,每个作业区域完成后,必须把施工产生的垃圾及时清理到指定地点,尤其是易燃的半成品包装木板及纸皮,以保持施工环境的整洁并消除消防隐患。

8.2 地铁车站施工质量控制要点

8.2.1 预留、预埋管线孔洞

1. 轨行区

道床中存在水消防、给排水、电缆等过轨预埋管,如出现错漏,在道床混凝土施工完成以后补做难度大,需破坏道床结构。

2. 结构侧墙

风亭、出入口进出给排水、水消防等管道预留孔洞容易忽略,后期开孔封堵(内、外)不严容易渗漏水。

3. 结构中板

通风空调主要在设备区机房,给排水消防在离壁沟、厕所、空调机房,动力照明在电缆竖井、机房，易出现个别漏做或位置偏差太大用不上。中板比较厚，需要前期发现，由土建补做较好。

4. 二次砌体

(1)量大，如后安装的管线，较大孔洞需提前预留，较小孔洞可后开，但要采用专用开孔设备。

(2)套管要先预埋。

(3)孔洞封堵要严密，关系到联调的防排烟功能检测能否过关。

8.2.2　标高及轴线确定

1. 基准标高

基准标高、轴线需要土建、测量单位正式移交。特别是在站台层，已完土建面只能作参考。

2. 吊顶标高

吊顶标高一般不会改变，这是管线最低标高的参照系；管线安装最低点要考虑本身及吊顶支吊架占用空间。

3. 地面标高

在全站设置统一的“1 米”或“50 米”标高线，控制插座开关、箱体、门窗等安装在一条水平线上。

4. 中心里程

一般从站台中心里程点往两端按设计图尺寸分配轴线，减少误差。

5. 措施

(1)基准标高必须在施工前就要移交。

(2)统一的标高系统、醒目标识。

8.2.3　通风空调管线安装

1. 加工场地

制作场地要求平整、围护，采取措施使加工过程不破坏镀锌层。

2. 制作

矩形法兰的四角应设置螺栓孔，法兰螺栓孔应具备互换性；边长大于或等于 630 mm 和保温风管边长大于 800 mm 时，其管段长度在 1 200 mm

以上均采取加固措施。风管与法兰连接牢固，翻边平整，宽度不小于 6 mm，并紧贴法兰。

3. 支吊架

风管的法兰大一挡；不得安装在风口、阀门或检查孔处，以免妨碍操作；不得直接吊在风管法兰上。保温风管不能直接与支托吊架接触，应垫上坚固的隔热材料，其厚度与保温层厚度相同，防止产生“冷桥”。

4. 安装

安装的顺序是先干管后支管；在地面上进行预连接；连接法兰的镀锌螺栓加平垫片，螺母应在同一侧；起吊时速度应同步，防止受力过大而造成风管变形。安装好的风管要保证风管表面光滑洁净。

5. 检测

风管的漏光检测要严格按设计及规范要求在保温层施工前进行，漏风检测在一个系统完成后、保温前进行，并做好记录。

6. 注意事项

(1)管道部件安装前要充分考虑操作空间及检修空间，设置位置合理，使用、维护方便。

(2)风管的风口不能开在电气设备上方，防止滴水影响设备使用安全。

8.2.4　风管、空调水管保温

1. 保温材料存放

保温材料现场堆放一定要有防水措施，尽可能存放于站厅层干燥无潮气的地方或用防水材料遮盖并与地面架空。保温层外覆特强防潮防腐贴面。

2. 保温材料下料

保温材料下料准确，切割面平齐，以 45°斜面搭接为宜。

3. 保温覆盖

(1)用棉纱将风管擦拭干净。

(2)使用质量合格的专用胶水，保温钉粘接要牢固。

(3)保温钉密度要均匀(每平方米上 8 个、侧 10 个、下 16 个)，首行保温材料边缘距离应小于 120 mm。

(4)保温材料的铺覆必须在保温钉凝固 24 h 粘牢后才可进行。

(5)保温材料接缝要严密,无缝隙,以防产生凝结水,平整度符合规范要求。

4. 穿孔要求

风管穿墙、穿楼板处保温层不得间断。

8.2.5 管道安装

1. 孔洞放线

现场复核土建预留孔洞的位置,墙面标出水管标高线。对管线走向,在纵、横向以及标高等方面进行详细的测量并记录,按实际测量的结果绘出施工草图。

2. 支架

支架钻孔时不得采用火焰切割方法,型钢的下料采用切割机,孔位的加工采用台式钻床;对热镀锌处理后的支架不得再进行任何切割修改工作,否则必须重新进行热镀锌处理。

3. 质量控制点

(1)管卡采用标准镀锌件。

(2)管道支架间距符合设计及规范要求。

(3)管道穿过基础、墙壁和楼板时,应按设计要求加套管。

(4)高位设置自动放气阀,不得在电气设备上方;低位点设置泄水阀。

4. 伸缩节设置

在车站内大于 50 m 的直线管道上或过沉降缝处,应设金属伸缩节。

8.2.6 线管、桥架安装

1. 线管

(1)预埋在墙体中间的钢管最大管径不宜超过 50 mm。

(2)直线管每 30 m 处应设置过线盒装置。

(3)暗管的转弯角度应大于 90°,在路径上每根暗管的转弯不得多于 2 个。

(4)暗管转弯的曲率半经不应小于该管外径的6倍,如暗管外径大于50 mm时,不应小于10倍。

(5)线管之间用铜线等电位连接。

(6)专用卡箍及水泥砂浆固定。

2. 桥架固定及绝缘测试

每节电缆桥架都须与吊臂横梁固定。电缆桥架跨越建筑物变形缝处设置补偿装置。每个膨胀螺栓加装绝缘垫片,用兆欧表对每一个安装的膨胀螺栓逐个进行与主体结构钢筋间的绝缘测试。

3. 连接

电缆桥架规格应满足电缆弯曲半径需要。在接头处、离开桥架两端出口0.5 m处及桥架转弯、分岔处加装吊架或支架。固定螺栓宜采用半圆头镀锌螺栓,安装方向由里向外,以防螺栓损坏电缆。每节桥架之间用金属编织带等电位连接。

8.2.7　电线、电缆敷设

1. 准备

检查桥架、线管是否安装完毕,电缆定测完成;使用摇表对电缆进行绝缘测试,测试合格后方可敷设。

2. 电线敷设

(1)不同回路、不同电压等级和交流与直流的电线,不应穿于同一根导管内,管内电线不得有接头。

(2)站内采用多相供电,电线绝缘层颜色选择一致,保护线为黄绿相间色,零线为淡蓝色,A相为黄色,B相为绿色,C相为红色。

(3)电线在接线盒、灯具处及设备处预留一定的长度。

3. 电缆敷设

电缆桥架转弯处放置地滑轮,配备通信工具,保持随时联络。按电缆的走向及长短合理安排电缆敷设顺序,电缆敷设时,防止人手被电缆砸伤或挤伤,严禁电缆砸伤设备。电缆桥架上敷设,每隔2 m处固定。竖井内电缆每隔1 m处进行电缆固定。

4. 装设标示牌

在电缆终端头、拐弯处、夹层内、隧道及竖井两端、人井、电缆分支处等位置，电缆上应装设标志牌，标志牌上应注明线路编号，当无编号时，应写明电缆型号、规格及起讫点。

8.2.8 冷冻机组安装

1. 运输

运输线路事前规划方案。吊装孔一般在风亭口或土建顶板未封闭的吊装口，吊装时在正下方搭建平台。设备吊装时，钢丝绳应拴在设备的专用吊装耳环上。牵引系统的钢丝绳套、挂钩等固定牢靠。

2. 附件及资料

开箱检查各类附件及资料是否齐全(水流开关、说明书、压力容器生产许可证、合格证)。

3. 固定及防护

系统试运转安装以膨胀螺栓固定机组底座、四边再角钢限位即可。外部罩以临时包装，先用塑料布将设备包封严密，防止潮气进入，再用纤维板等强度较高的板材将设备包装起来，防止相关单位在施工中碰撞从而损坏设备。

4. 系统试运转

冷水系统设备(冷水机组、空调机组、冷冻冷却泵、水医生、集分水器、阀门、冷却塔等)安装完成、群控系统接线完成以后才能试运转。开机有温度(30 ℃)要求，一般冬季关闭、夏季开启。冷水机组开启、关闭有一定顺序(启动冷水机组前须先开启冷水机组对应的冷却塔、冷却泵、冷冻泵)。

8.2.9 风机、风阀安装

1. 风机

(1)安装前检查叶轮重量是否对称，叶片的根部是否损伤，紧固螺母是否松动，叶轮与机壳间隙是否符合要求。

(2)安装时安装方向和叶轮旋转方向必须正确。安装的水平度、标高、联轴器同心度符合规范要求，风机减振器受力均匀，运转时不得出现整体振动现象，轴承部位温升不得过高。

(3)对于安装在管道中间的风机须设置专用支吊架，与风机相连的异径风管在风机就位找平后安装。

(4)通风机底座采用减振装置时，其基础顶面宜敷设底座水平方向的限位装置，但不得妨碍底座垂直方向的运动。

2. 风阀

(1)安装前检查其结构部件是否灵活有效。气流方向必须与阀体上标志箭头方向一致，严禁反向。

(2)安装后检查风阀开关操作位置是否准确，调换易熔片是否方便，气流方向是否正确，电动执行器进行试验，通电点动。

(3)防火阀要设独立支吊架，且吊架不能妨碍执行机构的动作。

(4)安装在防火墙一侧的防火阀，该管段在防火墙的孔洞用厚度大于等于 2 mm 的钢板封隔，且用不燃保温材料填实。

8.2.10　空调机组安装

1. 安装

机组水平安装，四周应具备维修空间；柜式空调器与基础或支架间采用 20 mm 厚的橡胶减振垫进行减振处理。

2. 运转检查

机组运转平稳，安装后应首先检查机组外部是否完整无损，然后打开活动面板，用手转动风机叶片，细听内部有无金属摩擦声，如有异声，应调节转子部分，使其和机壳不碰为主。

3. 冷凝水管

冷凝水排水管应外接水封或“U”形存水弯后再接排水管，且排水管要有一定坡度。

4. 连接

与机组相连的风管和水管的重量不得由机组承受。

8.2.11　水泵安装

1. 潜污泵

潜污泵安装前将水池内建筑垃圾清理干净，以免造成水泵堵塞。潜污泵安装顺序：耦合装置底座固定→导杆安装→排水立管安装→泵体就位。

2. 消防泵、冷冻冷却泵

水泵的减振器与减振台架应先放置在基础上，并调整其台架上表面的水平度使其达到设计要求。水泵进出水管处必须设置固定支架。

3. 软接及变径

在所有水泵进出水管上，根据需要设置橡胶软接头，减小水泵工作时对排水管道产生的振动。管道与水泵水平连接时，进水可用同心变径，出水必须用偏心变径。

4. 连接顺序

水泵处管道连接顺序：水泵→变径→橡胶软接头→短管→阀门→短管→主管。

8.2.12 箱柜安装

1. 安装方式

在公共区的箱体一般采用暗装，设备区其余箱体均采用明装。箱底安装高度距地坪 1.4 m。

2. 基础槽钢

将基础槽钢焊接成一个整体框架，然后在工厂进行热浸锌处理，运抵施工现场安装。位置误差及不平行度控制在 5 mm。

3. 施工顺序

(1)箱：暗装配电箱安装在砌体工程完工，墙面抹灰前进行；明装在抹灰后进行。

(2)柜：按顺序搬放到安装位置，从柜一端的第一面开始调整，以第一面为标准逐个调整，然后安装柜间连接螺栓。与基础槽钢进行螺栓固定。脱落油漆的部位用厂家原色油漆补刷。

4. 接地

配电箱：金属外壳的接地线与箱内接地端子可靠连接。

配电柜：将柜内接地铜排连接牢固，成列设备的两端采用软铜编织线与接地网可靠连接。

8.2.13　照明灯具、插座开关安装

1. 安装空间协调

与装修专业配合，落实吊顶棚的结构，检查吊顶棚与层顶的距离能否满足嵌入式灯具的安装要求；检查吊顶棚内其他设备设施是否占据了嵌入式灯具的位置，如风管、电气线槽、其他管道是否和嵌入式灯具相抵触。

2. 大型灯具安装

大型的嵌入式灯具，吊顶棚内的龙骨必须有结构加强措施，与装修专业配合，先留洞后安装嵌入式灯具。大型灯具、重量较重的灯具的龙骨应在结构上加强处理，并使灯具用吊杆将力传递到混凝土层上。

3. 灯具安装要求

(1)吊顶天棚内，灯线留有余量，余线盘在接线盒内，吊顶天棚内不得有灯线裸露情况，所有导线都应封闭在电线管内和接线盒内。

(2)对称成排成行安装的灯具，其纵、横向中心轴线应在一条直线上，偏斜不应大于 5 mm。

(3)灯具的边缘应与吊顶装修线吻合，灯具的边框应紧贴吊顶面。

4. 插座开关的安装与接线

插座、开关的安装：根据室内 500 mm 标高线校核接线盒的位置及标高，若接线盒预埋盒距面层深度大于 25 mm 时，加设套盒；同一室内高度差不宜大于 5 mm，并列插座高度差不宜大于 1 mm。

插座、开关的接线：单相三孔插座，面对插座的右孔与相线连接，左孔与零线连接，上孔接地线。三相四孔及三相五孔插座的接地线或接零线都应接在上孔，插座的接线端子不应与零线端子直接连接，同一场所的三相插座，其接线的相位必须一致。开关距地高度为 1.4 m，开关边缘距门框的距离为 0.18～0.2 m，并列安装的拉线开关相邻间距不小于 20 mm。

8.2.14　防火封堵

1. 位置

依据图纸及规范的要求，电缆桥架、风管、水管在穿越墙体、楼板等处进行防火封堵。应急照明线路在每个防火分区有独立的应急照明回路，

穿越不同防火分区的线路进行防火封堵。

2. 要求

穿墙及楼板处的部位清理干净。穿越混凝土墙体及楼板时，当预留孔洞与电缆桥架之间距离较小而无法开凿时，电缆桥架外部用防火堵料封堵，并与墙体持平。电缆桥架垂直穿越楼板且孔洞较大时，先用钢丝网固定在楼板下部桥架周围，再用防火枕及防火堵料进行封堵。电缆竖井防火封堵：在安装前，钢架、钢板及钢丝网涂刷三遍防火涂料，厚度不小于1 mm。防火封堵钢架上方电缆先用防火堵料包裹，再用防火枕进行封堵。

第 9 章　各项验收

质量验收标准是质量策划的重要依据，不同的行业、不同的领域，对其相关项目都有相应的质量要求，这些要求往往都是通过标准、规范、规程等形式加以明确，这些标准和规范对质量策划将产生重要影响，项目的质量控制也要依据质量标准和规范进行控制。

9.1　完工检验

在工程竣工并自行检验合格后，向监理单位申请工程验收，由监理工程师组织项目专业质量负责人对工程的检验批、分项工程进行验收。施工单位对验收提出的工程缺陷及时进行修复，直至符合设计要求，并提请监理工程师进行复检。

9.2　竣工预验收

工程竣工预验收即分部（子分部）工程验收，分部（子分部）工程的验收在其所包含各分项工程验收合格的基础上进行。由总监理工程师组织施工单位项目负责人和技术、质量负责人，设计单位项目负责人等进行验收。

监理单位认真记录各方意见，形成书面整改意见及竣工预验收会议纪要，根据整修项目工作量大小，确定整改期限。

9.3　竣工验收

竣工验收即单位工程验收，在分部（子分部）工程验收合格后，施工单位提交工程验收报告，由地铁公司组织施工、设计、监理等单位负责人进行交工验收。单位工程竣工验收合格后,施工单位须继续做好成品保护工作,并进行地铁新线实物资产移交工作,新线实物资产的接管使用部门为地铁运营公司。

新线实物资产的移交包括车站、区间、房屋及其他建(构)筑物、轨道工程、设备和专用工具等。新线实物移交表编制按照《地铁新线实物资产移交管理方法》中规定的专用表填写,包括房屋和建筑物移交表、设备移交表、工具移交表、钥匙移交表。

9.4 政府专项验收

政府专项验收工作量庞大、内容繁多,并且涉及的政府部门及专业众多,地铁开通试运营之前的政府专项验收工作任务一般都比较艰巨。

施工单位密切跟踪地铁公司对竣工验收申请的批复情况,会同监理单位根据地铁验收组织方式和相关程序成立专项验收配合小组,全面配合地铁公司做好专项验收组织工作。

(1)消防验收。根据最新《消防法》,公安消防部门对车站进行消防验收,验收重点是:建筑防火性能、人员疏散通道、给水、供水、应急照明设施、车站防排烟效果、车站气体灭火、防灾报警、消防联动控制的系统运行效果。

(2)人防验收。主要是由人防办(应急办)检查验收车站和区间的人防设施(主要是人防门)安装质量,以及人防门上安装管线穿预留孔洞后封堵情况,设施竣工图纸、操作手册上报归档工作。

(3)环保验收。环保部核查项目建设环评报告,核查环评报告专家评审意见的落实情况,组织开展试运营环保验收检查(尤其是室外冷却塔靠近居民生活区)。

(4)卫生防疫验收。由卫生局组织开展车站卫生学防疫评价工作,现场检测空气质量及生活、生产用水细菌指标等。

(5)工程档案专项验收。由档案馆组织开展,主要检查承发包单位资质证明材料、建设管理综合资料、工程质保资料、工程验收资料、竣工图纸是否归档整理完备。

(6)试运营安全、条件评估。核查是否具备开通试运营安全基础,应急措施是否适用;邀请专家针对新线现状进行科学评估,判断是否符合开通试运营条件。

(7)特种设备专项验收。由技术监督局组织,对电梯、直梯、压力容器等特种设备进行验收。

(8)防雷专线检测。由气象局组织,地铁公司作为建设单位向政府有关部门申报专项验收,承包商及监理协同配合。

承包商和监理积极协助建设单位做好专项验收协调组织、资料报验、会议安排、政府验收配合与协调、专家咨询、专家评估、验收等工作,确保在开通前顺利通过各项政府验收,取得政府批文或行政许可文书。